Isoisän liivintaskut ja muita kertomuksia

JUHA ARHINMÄKI

Isoisän liivintaskut
ja muita kertomuksia

© 2017 Juha Arhinmäki

Taitto ja kansi: Books on Demand

Kustantaja: BoD – Books on Demand, Helsinki, Suomi

Valmistaja: BoD – Books on Demand, Norderstedt, Saksa

ISBN: 978-951-568-807-1

Sisällys

Lukijalle 7

Isoisän liivintaskut 9

Onnenmaa Viipuri 12

Hevosen nimeen 15

Kiitolaukkaa Terijoen Kuokkalan hiekkarannalla 19

Sotilasylioppilas 22

Kaikki isäni sodat 25

Papin poika 29

Midgårdsvägenin maahanmuuttajalapset 31

Autot ja Jeesus 35

Pikkuveli, puuankka ja Chelsea 38

Nukkuminen kannattaa aina 41

Hyvästi sukuarkisto! 45

Huono käytös 49

Sukupolvet 52

Kuubalaisia sikareita Tallinnasta 54

Latte-papat ja tiskaaja-isä 57

Isien ja poikien puheet 60

Koti hitas-talossa Länsi-Pasilassa 64

Kallen ja Paavon vaalit 67

Uimakaverit 71

Suloiset muistot 74

Mummolan herkut 76

Viimeinen matsi Stadikalla 79

Kansakoulu 82

Luokkatoverit 85

Jälki-istunto 88

Poikien Grand Tour 91

Nuoruuden loppu 96

Amerikkalainen unelma 100

Sturmanskie Gagarin 103

Elämäni kahviloissa 105

Suomen Kansan Demokraattinen Liitto 108

Kekkoseen voi luottaa 111

Tupakointi oli ihanaa 114

Tweedtakki 117

Miehen onni 120

Elämäni lihavana ihmisenä 123

Cinéma vérité n pieni helmi 126

30 vuotta kertomuksia 129

Virkakielto ja armahdus 133

Pienet ilon hetket ministeriössä 136

Virkatoverit 139

Lukijalle

Sain ensimmäisen pakinoitsijan toimen viisikymmentä vuotta sitten. Ryhdyin kirjoittamaan vuonna 1967 luokkatoverini Jaakko Vartian kanssa pakinoita koulumme Norssin Veikko-lehteen kollektiivinimimerkillä *von Witzlebenin ystävät.* Hyvin alkanut yhteinen uramme katkesi kun Jaska jätti koulun ja myös toisen opinahjonsa, Oopperan balettikoulun. Hän ryhtyi toteuttamaan entistä vapaampia taideprojekteja underground-yhtye The Spermin liepeillä. Minä puolestani aloin kirjoittaa ja toimittaa elokuvaesittelyjä Helsingin teininuorison elokuvakerhoa varten.

Vasta vajaan kahdenkymmenen vuoden jälkeen minulle avautui uudelleen pakinoitsijan paikka Hakaniemen virastotalon lehdissä. Kirjoitin pitkään pakinoita ammattikasvatushallituksen/opetushallituksen lehtiin, vaikka olin alkuvaiheen jälkeen jättänyt nämä virastot taakseni. Seitsemän vuoden jälkeen palveluitani ei enää tarvittu, vaikka mieluusti olisin jatkanut. Ehkäpä hieman vanhanaikainen ja jo elämän kuluttama pikkuvirkamieshahmoni *J. Andersson* ei sopinut moderniksi pyrkivän ja koulutuspolitiikan rytminvaihdosta tavoitelleen viraston julkikuvaan.

Ryhdyin 1990-luvulla kirjoittamaan matkakirjeitä opetusministeriön NYT-henkilöstölehteen, mihin kansainvälistyvä valtionhallinto antoi hyviä mahdollisuuksia. Matkakirjeet vaihtuivat 2000-luvulla pieniksi taskukirjoiksi, joihin kirjoitin lyhyitä kertomuksia ja jotka julkaisin Lasipalatsin Kirja kerrallaan -painossa. Kutsuin valitsemaani genreä raitiovaunu- ja metrokirjallisuudeksi, koska kertomukseni olivat muutaman pysäkinvälin mittaisia ja kirjat taskuun tai käsilaukkuun sopivia.

Kun juuri kukaan ei enää ottanut metrossa taskusta kirjaa vaan älykännykän, ryhdyin blogistiksi. Kirjoitin vuosina 2013–2015 viikoittain blogin (myohempielama.blogspot.fi), joita luettiin varsin kohtuullisesti ja kommentoitiinkin minulle usein. Tämän kirjan syntysanat lausui nuorin veljeni Oskari, joka halusi että julkaisen ainakin sukua koskevat blogitarinat kirjan muodossa, koska muuten ne katoavat aikanaan minun mukanani. Hänkään ei uskonut, että kukaan seuraavien sukupolvien ihminen viitsisi etsiä bittiavaruudesta vanhoja blogejani. Minua ei tarvinnut houkutella pitkään uuteen pieneen kirjaprojektiin.

Kokosin tähän kirjaan blogiteksteistäni erityisesti ne, jotka kuvaavat perhepiiriä ja ystäviä. Muutoin olen noudattanut aina kestävää puolet pois -periaatetta. Muutokset alkuperäisiin teksteihin ovat vähäisiä. Nuorin poikani Jussi Käkkis on auttanut minua kirjaprojektissa; yhdessä hänen kanssaan on aina hauskaa toteuttaa pieniä ja suuria kulttuurihankkeita.

Herttoniemenrannassa syyskuussa 2017
Juha Arhinmäki

Isoisän liivintaskut

Isoisä jää eläkkeelle ministeriöstä jokseenkin samaan aikaan 1950-luvun puolivälissä kuin me muutamme takaisin Helsinkiin kahden Tukholman-vuoden jälkeen. Hän rakastaa lapsia ja hänellä on nyt paljon aikaa minulle ja siskolle. Isovanhemmat asuvat suuressa, tummassa ja minusta kolkossa asunnossa Töölönkatu 34:ssä. Omassa kodissa uudessa talossa Munkkiniemessä on paljon valoisampaa. En vietä aterioiden lisäksi paljoakaan aikaa heillä kotona, sillä isoisä haluaa aina lähteä kanssani kaupungille toimittamaan asioita tai museoon tai ihan vain kävelemään.

Isoisän puvuissa on liivi ja niissä kaksi pientä mutta hyvin tarpeellista taskua. Toisessa on pieni nukke, joka tuo onnea, ja toisessa puolestaan pieni pillerirasia, josta hän ottaa joskus pillerin kielen alle. Luulen niiden olevan pastilleja ja pyydän sellaista itselleni, mutta isoisä kertoo pillereiden olevan dynamiittia ja että ne on tarkoitettu vain vanhoille miehille. Kotoa hän ottaa myös kävelykepin, jollaisia isoisät käyttävät.

Isoisällä on paljon tarinoita Helsingistä ja Viipurissa, ja minä kuuntelen niitä mielelläni. Yhteisillä retkillä on aina kohde: museo, Kaivopuiston salaiset portaat, Kahvila Tuuliviiri tai vain rakennus joka minun on hyvä tuntea. Toimimme aina rauhallisesti ja jos isoisä tapaa jonkun tutun, pitää minun kätellä kohteliaasti.

Töölönkadulla on Aallon vaatturiliike, jossa isoisä teettää pukunsa. Hän ottaa minut mukaan sovituksiin ja minusta vaatturiliikkeessä on hyvin kiinnostavaa. Koettelen kankaita ja yritän ymmärtää miten puku syntyy.

Kesäisin isovanhemmat asuvat pari viikkoa täysihoidossa kartanossa Hauholla. Kun perheeni on kesänvietossa samalla seudulla, teemme vierailuita heidän luokseen. Tässä täysihoitolassa asuu vain vanhoja ihmisiä ja siellä tulee olla meluamatta ja käyttäytyä muutenkin sievästi.

Isovanhemmat ostavat ensimmäisen oman asuntonsa vasta eläkepäivillä. Kun he muuttavat Kulosaareen uuteen matalaan kerrostaloon, emme enää lähde kaupungille seikkailemaan vaan kävelemme rantoja pitkin tai keskustelemme olohuoneessa. Hän lukee minulle Tuhannen ja yhden yön tarinoita; kirjassa on upeita kuvia joita suojaa silkkipaperi. Hänellä on myös ranskankielisiä kirjoja, joita hän lukee. Äiti on kertonut, että hän opiskelee sitkeästi ranskaa, mutta ei kuitenkaan opi sitä koskaan kunnolla niin kuin hänen kielellisesti lahjakas isosiskonsa, joka pyytää vielä melkein 90-vuotiaana ranskankielisiä dekkareita sairaalaan.

Isoisä puhuu kaikesta siitä mitä tapahtui lapsuudessa ja nuoruudessa. Rakastan kun hän kertoo mahonkisesta veneestä Viipurissa, poikien kiusanteosta venäjän tunneilla Ressussa, kasakoista Suurtorilla, tsaarin kuvan polttamisesta, matkasta ihmeelliseen Pietariin ja hurjista Tornbergin veljeksistä. Ministeriövuosista hän ei kerro mitään, mutta toivon uudelleen ja uudelleen tarinaa virkamatkasta Iislantiin – niin kuin isoisä sanoo – ja merellä nousseesta valtavasta myrskystä.

Isoisä kuolee viimeisenä keskikouluvuotenani, isoäiti paljon myöhemmin. Isoisän tarinat lähtevät pitkään kiertoon, samoin tummansävyiset huonekalut ja vanhat kirjat. Minäkään en puhu lastenlapsille koskaan ministeriöstä, ehkä kuitenkin voin kertoa virkamatkasta Grönlantiin. Kun olen joskus ehdottanut kävelykepin käyttöä, vaimoni on torjunut sen jyrkästi; minun ei pidä leikkiä vanhaa ukkoa. Varani eivät ole koskaan riittäneet puvun teettämiseen Aallon vaatturiliikkeessä, mutta en toisaalta käytä nykyään kokopukua kuin hautajaisissa ja käräjäoikeuden istunnoissa lautamiehenä, koska annetun ohjeen mukaan "lautamiehen pukeutumisen tulee olla tuomarin tehtävän mukainen".

Onnenmaa Viipuri

Äidinisäni Lauri Alarik Castrénin lapsuudenperhe päiväkahvilla
kotipihalla Viipurissa 1890-luvulla.

Isoisäni muutti lapsuudenperheensä kanssa Viipurista
Helsinkiin vuonna 1897. Hän oli tuolloin kymmen-
vuotias. Perheen isä siirtyi pääkaupungissa uuden
pankin johtokunnan jäseneksi ja näin siis urallaan
eteenpäin.

Elämä Viipurissa oli ollut vaurasta, kiitos isoisän äidin
vanhempien onnistuneiden liiketoimien. Perhe asui
suuressa puutalossa kaupungin keskustassa. Perinnön
turvin isä oli voinut jättää lyseon opettajan viran ja
suorittaa myös juridisen tutkinnon sekä siirtyä sen jäl-
keen vuonna 1890 Kansallis-Osake-Pankin Viipurin
konttorin ensimmäiseksi esimieheksi.

Uuden Suomen Maanviljelys- ja Teollisuuspankin toiminta Helsingissä törmäsi kuitenkin muutaman vuoden kuluttua seinään. Pankki joutui vararikkoon johtokunnan puheenjohtajan liiallisen riskinoton ja äkkinäisen toiminnan laajentamisen vuoksi. Ykkösmies pakeni velkoja Amerikkaan ja jäi sille tielle, mutta isoisän perheen perityt ja ansaitut rahat menivät ja silti velkoja jäi vuosien ajaksi. Isoisän isä sai vähitellen vakaan aseman valtion virkamiehenä, mutta iloinen ja vauras viipurilainen elämänmeno oli tipotiessään. Perheessä huumori muuttui aiempaa sarkastisemmaksi, talous tiukaksi ja vuokra-asuntoa vaihdettiin usein.

Kun minä keskustelin isoisän kanssa 1950- ja 60-luvuilla, hän palasi jatkuvasti lapsuutensa vuosiin Viipurissa. Hän kertoi kyläilystä isän kanssa rikkaiden ystävien luona, perheen talon pihalla järjestetyistä kahvi-, punssi-, limonadi- ja leivoskekkereistä sekä mahonkisesta huviveneestä, jota ohjasi palkattu laivamies. Isoisä kuvaili retkiä mahonkiveneellä Viipurinlahdella niin suurella antaumuksella, että minullekin jäi ikuinen kaipaus "entistä mahonkista huvivenettämme" kohtaan.

Vaikka isoisä kävi kaikki oppikouluvuotensa Ressussa, opiskeli ja eli elämänsä loppuun Helsingissä, hän piti itseään Helsingin seitsemästäkymmenestä vuodesta huolimatta viipurilaisena. Hänellä on täytynyt olla hyvä, turvallinen ja iloinen lapsuus Viipurissa: kävelyitä isän kanssa kaupungilla, kesäisiä päiviä kodin puutarhassa ja upeita meriretkiä laivamiehen apupoikana.

Koko oman lapsuuteni kävelimme yhdessä merenrantoja ja laskimme satamassa olevien laivojen määrää. Isoisän suuri trauma oli, että hänestä ei tullut merikapteenia niin kuin hänen ystävästään ja äitini kummista Aleksista. Isoisän mielestä kapteeni oli merellä kuin kuningas, mutta täällä maalla jokainen meistä on vain yksi tuhannesta. Hän ahersi tunnollisesti valtion virkamiehenä 68-vuotiaaksi ja vain haaveili merestä.

Matkustan ensi kesänä Saimaan kanavaa pitkin katsomaan isoisän onnenmaata Viipuria. Olen toki matkustanut junalla Viipurin kautta Pietariin ja pysähtynyt pari kertaa Viipurin torilla 1970-luvun Leningradin bussimatkoilla. Nyt pääsen katsomaan, mitä isoisän lapsuudenkodin paikalla on entisellä Brahenkadulla. Erityisen tarkasti tulen tutkimaan satamaa ja sinne mahdollisesti ankkuroituja huvialuksia. Näkyisikö siellä mahonkista huvivenettä 1800-luvun lopulta, jonka joku venäläinen pankkiiri on kunnostuttanut entiseen loistoon pikkumatkoja varten. Venäjän kieltä osaava matkakumppanini voisi esittää vaatimattoman toiveeni: pääsisinkö aivan pienelle, mutta iloiselle merimatkalle Viipurinlahdelle isoisän kunniaksi.

Hevosen nimeen

*Isänisäni Karl Oskar Andersson-Blondyx Kampin kentällä
1930-luvulla. Vasemmalla yläreunassa häämöttää vastavalmistunut
eduskuntatalo ja kentän takana näkyy Maanviljelijöiden
Maitokeskuksen talo.*

Isänisäni nimi oli alun perin Karl Oskar Andersson.
Hän kasvoi vaatimattomissa oloissa Myrskylässä,
mutta tarmokkaana ja voimakkaana nuorukaisena
hän pääsi Pernajaan liikuntakyvyttömän aatelismie-
hen palvelijaksi – tätini käytti tosin aina termiä lakeija.
Siellä hän oppi paljon hevosista, ratsastamisesta sekä
herrojen tavoista ja tyylistä.

Hänen mielestään Uudellamaalla joka toisen nimi oli
Andersson, eikä isoisä halunnut olla mikään tavalli-
nen Virtanen. Hän päätti ottaa sukunimen Blondyx;

se oli hevosen nimi, jolla hän oli ratsastanut menestyksekkäästi. Myrskylän pappilassa sukunimenvaihto ymmärrettiin osin väärin ja nimeksi tuli todella komealta kalskahtava ja väliviivalla vahvistettu Andersson-Blondyx.

Isänisä tuli Helsinkiin 1910-luvun lopulla ja jäi asevelvollisuuden jälkeen armeijan palkkiovirkailijaksi hevosmiestaitojensa perusteella. Hän eteni Yleisesikunnan tallien päälliköksi ja tallimestariksi. 1920-luvun lopulla hän perusti eräiden ystäviensä kanssa Keskustalli Oy:n, joka toimi ratsastuskouluna ensin Kampissa ja sittemmin Ruskeasuolla. Hän koulutti monet ratsastajaikäpolvet, jotka tunsivat hänet Oskuna. Henrik Tikkanen kirjoittaa Minun Helsinkini -kirjassaan, että hevoset ymmärsivät Oskun käskyjä ratsastajia paremmin Kampin kentällä.

Isäni sai kasteessa nimen Karl Erik Bernhard Andersson-Blondyx. Kaksi ensimmäistä etunimeä ovat suvun vakiintuneen käytännön mukaisia. Sen sijaan "ylimääräinen" ja komealta kalskahtava kolmas etunimi on selvästi otettu Oskarin ensimmäisen isännän, vapaaherra Bernhard Indreniuksen mukaan. On helppo kuvitella, että mies joka ottaa sukunimensä jalon hevosen mukaan, antaa pojalleen nimen vapaaherran mukaan.

Isäni perheen kotikieli oli suomi; Kannakselta kotoisin ollut isänäitini ei juurikaan puhunut ruotsia. Isä ja hänen vuotta vanhempi sisarensa kävivät suomenkielisissä kouluissa. Isä ei käyttänyt käytännössä oikeastaan lainkaan komeaa, mutta hankalaa kokonaista nimeään. Hän oli koulussa, sodassa ja ystävien kesken aina yksinkertaisesti vain Kalle Andersson.

Vuonna 1948 sisarukset päättivät suomentaa nimensä, mutta eivät päässeet yksimielisyyteen sukunimestä. Isä päätti ottaa sukunimen Arhinmäki ja tätini puolestaan sukunimen Arekki. Samalla isäni suomensi kaksi ensimmäistä etunimeään Kalle Erkiksi ja ryhtyi käyttämään virallisena nimenään Erkki Arhinmäkeä. Näin isäni oli minun elämässäni ensin pastori ja sitten kirkkoherra Erkki Arhinmäki, mutta perheen, ystävien, seurakuntanuorten, oppilaiden ja partiolaisten keskuudessa Kalle.

Mutkikkaasta nimitaustastamme ei ole ollut oikeastaan koskaan mitään haittaa. Kun olin nuoruudessani paljon kesätöissä Ruotsissa, huomasin että riikinruotsalaisten ystävieni keskuudessa vanha sukunimemme Andersson-Blondyx herätti suurta kunnioitusta. Päätin, että jos elämässä kaikki menee pieleen, muutan Ruotsiin maallikkosaarnaajaksi ja vaihdan nimeni Johan Erik Andersson-Blondyxiksi. Onneksi olen voinut päästä vanhuuseläkkeelle vakaan virkamieselämän päätteeksi ja pitää nykyisen nimeni.

Kun poikani Paavo valittiin Vasemmistoliiton puheenjohtajaksi, helsinkiläinen konkaritoimittaja Jyrki Vesikansa kirjoitti pääkirjoituksen Iltalehteen. Andersson-Blondyx -sukunimen vuoksi Paavon taustaa ei voinut Vesikansan mukaan pitää kovin proletaarisena, mutta hän totesi myös Leninin olleen korkeaa lähtöä. Vesikansa tunsi siis hyvin Paavon taustan, mutta ei tiennyt että suvun varhainen nimi oli annettu hevosen nimen perusteella.

Kiitolaukkaa Terijoen Kuokkalan hiekkarannalla

Minä hujahdin pitkäksi varhain ja ääneni tummui samaan aikaan. Isäni katseli minua ja sanoi: "Sinun ikäisenäsi minä ratsastin kiitolaukkaa Terijoen Kuokkalan hiekkarannalla". Ymmärsin että hän tarkoitti minun kasvaneen isoksi pojaksi, mutta kuva isästä kiitämässä poikana hevosen selässä meren rannalla Kuokkalassa jäi pysyvästi mieleeni.

Isä muisteli harvoin lapsuuttaan, vaikka oli armoitettu puhuja ja tarinoiden kertoja. Ehkä kaikki lapsuudessa ja nuoruudessa ei ollut kovin mukavaa muisteltavaa. Vanhempien avioliitto ei ollut onnellinen ja päättyi eroon kohta sotien jälkeen. Ilmeisesti pojasta ei myöskään huolehdittu erityisen hyvin. Perheen tuttava oli nuhdellut tallimestari-isoisääni Kauppatorilla, koska tämä oli tullut sinne poikansa kanssa, jolla ei ollut kenkiä jaloissaan. Vanhemmat unohtivat myös ilmoittaa isäni kotia lähellä olleeseen Ressuun, jonne useat oppikouluun jatkaneet luokkatoveripojat menivät. Hänet otettiin jälkijunassa Helsingin V Yhteiskouluun – ehkä onneksi, sillä kuvittelen opettajien olleen siellä ymmärtäväisempiä vilkasta ja energistä isääni kohtaan kuin poikalyseon opettajat olisivat olleet. Isäni luonnehti minulle kerran lapsuudenperhettään sarkastiseen sävyyn sanoen, että isällä oli hevoset ja äidillä Åkermanska, paras ystävätär. Mutta Kuokkalan kesäleireillä kaikki oli toisin.

Vuodesta 1933 lähtien Kampissa sijainneen Keskustallin aktiiviratsastajat lähtivät isoisäni johdolla kuukaudeksi kesäleirille Kuokkalaan. Ensimmäisellä kerralla mukana oli kahdeksan hevosta ja kaksikymmentä ratsastajaa. Myöhempinä kesinä ratsastajien joukko kasvoi neljäänkymmeneen. Ranta tarjosi oivan tilaisuuden laukkaratsastuksiin ja hevosten uittamiseen meressä. Leiriläiset tekivät ratsastusretkiä eri suuntiin, uivat ja ottivat aurinkoa rannalla.

En tiedä missä isäni asui Kuokkalassa. En myöskään oliko isoäiti mukana vai oliko isäni vain isoisän ja siskon kanssa matkassa. Isän kesät 1930-luvulla kuluivat kuitenkin huolettomasti avojaloin rannassa ja hevosen selässä. Lisäksi Kuokkala vilisi ihmisiä ja isälläni riitti paljon tarkkailtavaa. Luulen että Kuokkalasta tuli hänelle kesäinen mansikkapaikka. Heti kun Terijoki aukeni suomalaisten lomanvietolle 1970-luvun alussa, isä lähti sinne lomalle äitini ja nuorempien veljieni kanssa.

Kun vaimoni kuulee tri Anna Kortelaisen johtaman retkikunnan matkasta Karjalankannakselle, haluan ilman muuta että osallistumme matkalle. Erityisesti koska ohjelmaan sisältyy vierailu Kuokkalassa. Vaikka kaikki matkalla on erittäin kiinnostavaa, odotan koko ajan pääsyä Kuokkalan hiekkarannalle. Ennen lähtöä sinne yövymme Terijoella ja kävelemme tummassa illassa rannalle. Laiturilta katsomme meren yli Kronstadtin valoja.

Bussi pysähtyy Kuokkalassa lähelle Tito ja Ina Collianderin entistä pientä huvilaa, josta kävelemme rannalle. Siellä on paljon suuria kiviä ja minun on vaikeaa hahmottaa miten tällaisella rannalla voi ratsastaa kiitolaukkaa. Olen pettynyt. Olenko voinut kuvitella kaiken väärin yli viidenkymmenen vuoden ajan?

Lähdemme kulkemaan rantaa pitkin kohti neuvostoaikaista hotellia, jossa on tarkoitus syödä lounas. Pienen kävelyn ja niemenkärjen jälkeen näen esteettömän ja loputtoman pitkälle ulottuvan hiekkarannan, jossa isäni on ratsastanut kiitolaukkaa 1930-luvun kesinä. Olen heti aivan varma, että ranta on juuri tämä. Onneksi olemme puoli tuntia etuajassa, ja minä voin katsella rauhassa Kuokkalan maisemaa.

Syömme lounaan rantahotelli Repinskajassa. Ruokasalin seinään on kiinnitetty suurin kohokirjaimin englanninkielisiä sanoja, mutta muutoin vallitsee neuvostotunnelma. Suuren baaritiskin takana on vaikuttava pullorivistö jaloja juomia, mutta baarimikon mukaan olutta on tulossa vasta huomenna. Hotellin aulassa on kuvia hotellin henkilökunnasta menneinä vuosina. Katselen valokuvaa hotellin entisestä johtajasta. Piippua polttavan pulskan tumman miehen katse on surumielinen ja tuo mieleen parhaat päivänsä nähneen kiertävän teatteriseurueen johtajan. En ymmärrä miksi näin on. Johtaja on kuitenkin voinut vuosien ajan tarjota neuvostokansalaisille vain parasta: kesäviikkoja Terijoen Kuokkalan hiekkarannalla.

Sotilasylioppilas

Kun isäni palaa rintama- ja asepalveluksen jälkeen kotiin rauhan Helsinkiin, on moni asia avoin. Kotona vallitsee ristiriitainen tunnelma ja vanhemmat eroavat muutaman vuoden kuluttua. Koulu on jäänyt kesken luokalle jäämisten ja sotavuosien vuoksi; koko lukio on suorittamatta. Kiihkeiden teinivuosien unelmat suuresta Suomesta, aktiiviupseerin urasta ja poikatyön organisoinnista Itä-Karjalassa ovat kariutuneet.

Uutta suuntaa elämälle antaa sotavuosina syventynyt uskonnollinen vakaumus ja lopulta herätyksen kokemus sotilassairaalassa, jonne isäni on joutunut rintamalta sairastumisen vuoksi. Jo vuoden 1944 lopussa hän kirjoittaa ystävälleen, että aikoo lukea ylioppilaaksi ja sitten papiksi.

Isän ura ei kuitenkaan kulje luotisuoraan ja edessä on yksi lyhyt sivukoukkaus. Isä menee huolintafirman palvelukseen, jossa hän viihtyy ja menestyykin mainiosti. Työssä tarvitaan nopeutta, hoksaavuutta ja järjestelykykyä; niitä isälläni on vaikka muille jakaa. Eräänä iltana hän kuitenkin näkee puistossa kaksi entistä luokkatoveriaan onnellisina ylioppilaslakit päässä ja isä päättää palata vanhaan suunnitelmaan ja lukea ylioppilaaksi. Mieltä ilahduttaa kuitenkin huolintafirman työnjohtajan loppuarvio: "Andersson, olitte paras mies joka minulla on koskaan ollut".

Isä aloittaa raivokkaan opiskelun ja tenttii koko lukion puolessa vuodessa sekä läpäisee ylioppilaskirjoitukset. Epäilemättä huimaa suoritusta helpottaa koulun joustavuus tenteissä ja sotilasylioppilaskirjoitusten erityisjärjestelyt. Riittää että kokelas kirjoittaa kolme ainetta.

Isä on lähtöisin täysin epäkirkollisesta kodista. Kun hän kertoo kotona aikovansa ryhtyä opiskelemaan teologiaa, oudoksuu tallimestari-isä ratkaisua. Hän myös ärsyyntyy valinnasta, sillä voisihan poika opiskella ylioppilaana myös kunnon ammattiin, vaikka tuomariksi tai insinööriksi. Isä Oskar rauhoittuu vasta illalla ravintolassa, kun hän kuulee että myös eläinlääkintäeversti Talvitien poika aloittaa teologisessa. Ravintolaillan johtopäätös on: "Antaa poikien lukea mitä pojat haluavat".

Opintojen rahoittamiseksi isä hakeutuu Helsingin eteläisen seurakunnan poikatyöntekijäksi. Yliopiston rinnalla alkaa intensiivinen työ: isä pitää poikakirkkoja Agricolan kirkossa ja kulkee yhdessä muiden opiskelijoiden kanssa järjestämässä pihakirkkoja Rööperissä, joissa lauletaan ja julistetaan. Hän perustaa yhdessä sotakavereiden kanssa poikia varten partiolippukunnan Korven Koukkaajat. Isältä sujuu mainiosti Herran sanan julistaminen pihoilla roskalaatikon päällä, luonnehtivathan jo Itä-Karjalan viihdytyskiertueen muut esiintyjät Kallea sotilaaksi, joka on "luistavahuulinen", "tarvittaessa kansankiihottaja" ja "puhuja Jumalan armosta".

23

Eteläisen seurakunnan kirkkoherrana toimii iäkäs teologian tohtori Paavo Virkkunen. Hän ohjaa, tukee ja keskustelee "poikiensa" kanssa, joihin kuuluu isäni lisäksi pari muuta teologian ylioppilasta. Hän auttaa poikia kaikin tavoin: lahjoittaa kirjoja, auttaa kansainvälisissä yhteyksissä ja jopa järjestää aikanaan Ruotsin-suhteillaan hyvää kangasta poikien papinpukuja varten. Kun isälläni on etäiset suhteet omiin vanhempiinsa, tulee Tohtori-sedästä ja Katri-tädistä – näin pojat kutsuvat Paavo Virkkusta ja hänen Katri-vaimoaan – ratkaisevan tärkeitä hahmoja isäni elämässä. Kiihkeyttä, voimaa ja sanavalmiutta on isälläni omasta takaa, mutta keskustelut Tohtori-sedän kanssa tuovat syvyyttä hänen uskonnolliseen elämäänsä ja alkavaan papin työhön.

Isä tapaa äitini kristillisessä opiskelijaliikkeessä. Äiti on jo valmistunut sairaanhoitajaksi ja isä saa opinnot päätökseen ja pappisvihkimyksen kesäkuun alussa 1951. Heidät vihitään kaksi viikkoa myöhemmin Johanneksen kirkossa. Minä synnyn seuraavana vuonna.

Kaikki isäni sodat

Isäni ikäluokka – vuonna 1925 syntyneet – oli viimeinen joka näkökulmasta riippuen joutui tai ehti laajassa mitassa rintamalle. Ikäluokan pojat joutuivat lisäksi jatkamaan armeijassa vielä sodan päätyttyä saadakseen suoritettua asevelvollisuuden loppuun. Tämä jälkivelvollisuus ei ollut varmaankaan kovin innostava, ei ainakaan isälleni, koska heti rauhan tultua ei voitu järjestää reserviupseerikoulutusta.

Innokkaana sotilaspoikajohtajana sekä heimoaatteen ja suuren Suomen elähdyttämänä isäni lähti ensimmäisen kerran vapaaehtoisena armeijaan jo vuonna 1941. Kun armeijan johto havaitsi, miten paljon sotilastehtävissä oli lapsia, nämä alle 18-vuotiaat kotiutettiin, heidän joukossaan isäni.

Vuonna 1943 nämä pojat jo kelpasivat, ja isäni pääsi jälleen vapaaehtoisena Itä-Karjalaan. Siellä hänen tehtävänään oli järjestää ja johtaa poikatyötä Soutjärvellä. Soutjärveltä hän kävi kutsunnoissa Helsingissä ja uuden poikatyövaiheen jälkeen hänet komennettiin koulutettavaksi. Keväällä 1944 isä siirtyi rintamalle, jossa toimi kivääriryhmän ryhmänjohtajana ja kirjurialiupseerina. Kantakortin mukaan rintamakelpoisuus on ollut hyvä ja hänellä on ollut sotilaslääkärin mukaan "200 %:n näkökyky".

Mitään dramaattisia kertomuksia sodan vuosilta isäni ei minulle kertonut. Elämä 1950- ja 1960-luvuilla oli niin täynnä uuden rakentamista, että ei ollut tarvetta palata vanhoihin asioihin kuin kertomalla korkeintaan pieniä sattumuksia sotavuosilta. Isän asenne armeijaan ei ollut torjuva, pikemmin päinvastoin. Hän kävi ylimääräisen reserviupseerikurssin 1950-luvun alkupuolella perheellisenä miehenä ja lähti aina mielellään kertausharjoituksiin.

1970-luvun alussa isälleni tuli aivan uudenlainen pyyntö: häntä kysyttiin perustettavan Suomi-Vietnam-Seuran johtotehtäviin. Seuran tarkoituksena oli järjestää Vietnamin solidaarisuustyötä. Isä oli opittu 1960-luvulla tuntemaan avarakatseisena, edistysmielisenä sekä yhteiskunnallisista kysymyksistä kiinnostuneena pappismiehenä, siksi kai pyyntö esitettiin hänelle.

Isä mietti asiaa tarkkaan. Hänen mielestään USA oli tehnyt Vietnamiin jonkinlaiseksi demokratian puolustukseksi naamioidun häikäilemättömän hyökkäyksen, joka vaati todellista kannanottoa. Lisäksi hän katsoi, että rauhantyö ja kansainvälinen solidaarisuus kuuluvat olennaisina osina kristilliseen vakaumukseen. Hän tiesi kyllä, että lähtemällä mukaan tulisi leimatuksi. Mutta jos hän ei uskalla lähteä mukaan, kuka sitten uskaltaa.

Kun isä oli tehnyt päätöksensä, hän lähti täydellä voimalla toimintaan. Ensin Vietnam-seuran varapuheenjohtajaksi ja sitten kirjailija Paavo Rintalan jälkeen vuonna 1973 seuran puheenjohtajaksi ja sitä kautta suomalaisen Vietnam-liikkeen kärkihahmoksi. Joukkokokouksissa puhui ja mielenosoitusmarsseilla kulki nyt myös näkyvä kirkonmies.

Ymmärrystä ratkaisulle ei tullut juurikaan kavereilta – sotasukupolven miehiltä. Porvarillisessa Munkkiniemessä alettiin epäillä kirkkoherran isänmaallisuutta. Monet virkaveljet paheksuivat ja arvostelivat isän toimintaa. Myös tuomiokapituli näytti kaapin paikan: lääninrovastiksi nimitettiin isääni vähemmän ääniä papiston äänestyksessä saanut ja kevyemmät virka-ansiot omaava pappismies, mutta varmasti oikeistolainen.

Mikään ei kuitenkaan muuttunut isän pappeudessa rauhanliikkeen vuosina: hän oli aina pappi missä liikkuikin. Kun Vietnamin sota vihdoin päättyi, isä matkusti sinne solidaarisuuslennolla kahdeksi viikoksi toukokuussa 1975. Koneessa kuljetettiin 14 000 kiloa lääkkeitä, jotka Suomi-Vietnam-Seura oli kerännyt. Isästä tunnelma Vietnamissa oli vapautunut ja iloinen. Hän kierteli tapansa mukaan myös kirkoissa ja katseli ihmisiä siellä. Iloa tuottivat täydet kristilliset kirkot ja kirkkorakennusten alkaneet korjaustyöt.

Rauhantyöhön alkoi tulla vähitellen mukaan kasvava joukko kristittyjä, erityisesti nuoremman polven teologeja ja aktiivisia seurakuntalaisia. Joulukuussa 1976 perustettiin Kristittyjen rauhantoimikunta, jonka ensimmäisenä puheenjohtajana isäni ehti toimia kaksi kuukautta ennen kuolemaansa.

Papin poika

Kirjoitin ensimmäisen kerran pitkän kertomuksen isästäni ja elämästäni papin poikana viisitoista vuotta sitten. Päätin kirjoituksen tarinaan 1980-luvun alkupuolelta, jolloin itse olin kolmekymppinen ja isän kuolemasta oli kulunut jo muutamia vuosia.

Istuin pitkää iltaa ravintola Kosmoksessa, jossa vaihdoin muutaman sanan naapuripöydän tuttavan kanssa. Hän istui yhdessä vanhemman herrasmiehen kanssa, joka halusi myös keskustella kanssani. Vanhempi mies kertoi tunteneensa isäni nuorena lääketieteen ylioppilaana ja että isä oli tehnyt häneen suuren vaikutuksen. Kuuntelin hänen tarinaansa isäni kohtaamisesta jo aika tottuneesti.

Sitten mies kertoi jotain minun kannaltani olennaisempaa. Hän sanoi olevansa lestadiolaisen papin poika pohjoisesta. Aina kun hän matkustaa kotiseudulle, hän on yhä papin poika, ei kohta kuusikymmenvuotias lääketieteen professori. Kosmoksen pöydässä opin, että tulen aina olemaan papin poika. Sillä niin kauan kuin elän, elää Helsingissä ihmisiä jotka ovat tunteneet isäni.

Vuosikymmenten aikana olen tullut tietämään mitä isästä halutaan kertoa. Minulle saatetaan kyllä puhua isän elämänmakuisista saarnoista tai tv- ja radioesiintymisistä, mutta yleensä palataan pieniin keskusteluihin. Seurakuntapappi kohtaa ihmisiä elämän taitekohdissa: kun lapsi on syntynyt, avioliitto solmitaan tai äiti kuolee. Jos pappi näissä ainutkertaisissa tilanteissa osaa sanoa jotain joka jää mieleen, se pysyy siellä läpi elämän. Mutta yhtä lailla raitiovaunu-, pankki- ja katukohtaamiset ovat tärkeitä, jos näissä ohikiitävissä hetkissä välittyy lämpö ja optimismi.

Isäni oli jännittävä sekoitus voimallista kristillisen ilosanoman julistajaa ja suoraviivaista stadin kundia. Tämä yhdistelmä oli outo sodanjälkeisten vuosikymmenten aika kaavamaisessa ja jäykässä asenne- ja mielipideilmastossa. Arvolla ja asemalla ei ollut väliä; kaikki ihmiset olivat kiinnostavia eikä heitä kannattanut asettaa lokeroihin.

Ihmisten oli helppo kohdata kirkkoherransa Munkkiniemen puistotiellä; kaikki tunsivat hänet ja hän tunsi useimmat. Vihreässä Loden-takissa ja salkku kädessä hän kulki kotoa kirkkoherranvirastoon ja sieltä kirkolle. Ja matkalla oli aina ihmisiä, joiden kanssa oli tarpeen vaihtaa muutama sana.

Kirkko ja Kaupunki -lehdessä julkaistiin heti isän kuolinpäivän jälkeen sattumalta kuva Munkkiniemen kirkosta, jossa on meneillään lapsikirkko. Kuva isästä lasten keskellä toi minulle lohtua, erityisesti koska omaan perheeseeni oli kaksi kuukautta aikaisemmin syntynyt esikoispoika.

Midgårdsvägenin
maahanmuuttajalapset

Minusta tuli maahanmuuttaja vuonna 1954, kun perheemme muutti Tukholmaan. Muutimme sinne isän työn takia. Isällä ei ollut pulaa työstä Suomessa, emmekä myöskään tavoitelleet parempaa elintasoa. Itse asiassa isä oli sopinut palkasta niin ymmärtämättömästi, että meillä oli jatkuva rahapula Ruotsin-vuosina.

Isää oli kehotettu pappisuran alkuvaiheessa hankkimaan kokemuksia kotikaupungin Helsingin ulkopuolelta. Maalaispapin elämä tuntui mahdottomalta, ja siksi isä keksi hakea Tukholman suomalaisen seurakunnan papiksi. Aluksi asuimme hyvin epäkäytännöllisessä asunnossa Vanhassa kaupungissa, mutta pääsimme pian moderniin kerrostaloon Täbyn kirkonkylään. Sieltä oli tosin pitkä junamatka keskustaan ja suomalaiselle kirkolle.

Saimme siskon kanssa heti hyviä leikkitovereita pihalla. Paras kaverimme oli saman rapun ja kerrostasanteen Ilona. Leikimme myös Bjarnen ja Karinin kanssa pihalla, jonne oli tuotu hieno leikkipuu ja hiekkalaatikko lapsia varten. Kolmipyöräisellä sai ajaa rauhassa pihassa, sillä siellä oli vain Bjarnen isän Ifa, jota hän korjasi aina koko pitkän sunnuntain.

Opimme siskon kanssa pihalla nopeasti ruotsin kielen. Luulimme, että se on lasten kieli, sillä kodeissa puhuttiin muita kieliä. Ilonan vanhemmat olivat unkarilaisia, Bjarnen isä tanskalainen ja vain Karinin molemmat vanhemmat olivat ruotsalaisia. Koska pidimme ruotsia lasten kielenä, puhuimme sitä myös keskenämme siskon kanssa.

Ilonan mammasta ja Fritz-isästä tuli vähitellen vanhempieni hyviä ystäviä. Aluksi Fritz oli luullut isääni tarjoilijaksi, koska hän oli töissä myös viikonloppuisin ja oli arvellut popliinitakin alla liehunutta papinpuvun mustaa helmaa tarjoilijan pitkäksi esiliinaksi. Fritz-isällä oli vaikeuksia löytää työtä Ruotsista, vaikka hän oli suorittanut maatalousalan yliopistotutkinnon Unkarissa. Häntä kiusasi myös, että Ilonan mamma joutui tekemään työtä myyjättärenä Tempossa. Ilonan vanhemmat olivat paenneet Unkarista, koska he eivät halunneet elää kommunistisessa maassa.

Fritz-isä pääsi lopulta kurssille ja hänestä tuli keinosiementäjä. Kun isäni kysyi kurssin annista, Fritz kertoi, että olisi oikeastaan voinut olla sen opettaja. Molempien perheiden elämä Täbyssä vakiintui vähitellen, tosin oma äitini toivoi pikaista muuttoa takaisin Helsinkiin. Häntä varoiteltiin kuitenkin paluumuutosta. Tukholmalainen hieno lastenlääkäri, jonka vastaanotolla äiti kävi siskoni kanssa, oli huudahtanut äidilleni: "Miten te voitte viedä tämän ihanan tytön täältä Suomeen!"

Jo syksyllä 1956 minusta tuli paluumuuttaja. Jotta minun ja siskoni ruotsin kieli olisi säilynyt, aloitimme

Munkkiniemen ruotsinkielisessä leikkikoulussa ja sunnuntaisin pyhäkoulussa. Leikkikoulun täti piti riikinruotsalaisesta ääntämyksestäni ja sanoi muille lapsille: "Kuunnelkaa miten kauniisti Juha ääntää." Minulla oli sekä suomenkieliset pihakaverit että leikkikoulun ruotsinkieliset pojat. Kuusivuotissynttäreitteni osanottajista melkein kaikki olivat ruotsinkielisiä. Sain äidiltä juhlan kunniaksi lupalapun, jonka mukaan saan tulla yksin kotiin leikkikoulusta. Tulin sen johdosta niin isoksi pojaksi, että en enää seuraavana syksynä suostunut menemään leikkikouluun, koska siellä oli niin lapsellista.

Jäin vuodeksi pihalle ja unohdin ruotsin kielen. Minusta – entisestä kauniisti ääntävästä Tukholman pojasta – tuli täysin suomenkielinen. Kun matkustimme vierailulle Sandvikeniin, jonne Ilonan perhe oli muuttanut, nolotti että en enää osannut ruotsia kuin alkeellisesti. Olisin mielelläni puhunut varhaisteininä Ilonan kanssa, jolla oli kaunis kihara tumma tukka ja suuret silmät.

Hukkaan ei kuitenkaan elämäni maahanmuuttajana ja lyhytaikaisena suomenruotsalainena mennyt. Minusta tuli jo varhaisina kouluvuosina kesägotlantilainen ja Toftagårdenin tiskaaja. Ja vähitellen pysyvä ruotsin kielen, Ruotsin ja muiden Pohjoismaiden ystävä, ehkä myös niiden hyvä tuntija. Ilonasta tuli hammaslääkäri ja hän asuu tietääkseni edelleen Gävlen ja Sandvikenin alueella. Yhteyttä emme ole pitäneet varhaisteinivuosien jälkeen, mutta luulen että katselemme samoja

lapsuuskuvia Midgårdsvägen 22:n pihasta ja Täbyn ui-
marannalta, sillä vain Ilonan isällä oli kamera.

Autot ja Jeesus

Palattuamme Helsinkiin isä sai Munkkiniemen seurakunnasta nuorisopapin ja Munkkivuoren uuden kaupunginosan piiripapin tehtävän. Asetuimme asumaan uuteen kerrostaloon Tammitien ja Riihitien kulmassa. Tuohon aikaan varsin vauraatkin perheet asuivat kerrostalojen suurimmissa asunnoissa; vasta 1960-luvulla alkoi siirtyminen moderneihin omakotitaloihin perinteisten kaupunginosien ulkopuolelle. Pihalla oli vilkasta, sillä kaikissa perheissä oli paljon lapsia.

Asuntomme oli hyvä ja elämä mukavaa, mutta apupapin lapset kärsivät yhdestä ongelmasta hyvinvoivassa kaupunginosassa. Meillä ei ollut autoa eikä televisiota, sillä isän palkka ei ollut kovin korkea. Autokysymys näyttäytyi meille ajankohtaan nähden poikkeuksellisessa valossa, sillä minun parhaan kaverini perheessä oli Opel Kapitän ja siskon ystävän perheessä Mercedes Benz. Lisäksi naapuritalossa asui Vehon toimitusjohtaja, joten Riihitiellä näki koko ajan Mercedes Benzin uusimpia malleja.

Isä lisäsi automurhettani kertomalla, että jos olisimme asuneet vielä kolmannen vuoden Tukholmassa, hän olisi hankkinut kaksipaikkaisen Messerschmittin. Minun oli täysin mahdotonta käsittää miksi emme jääneet sinne, vaikka olisimme saaneet auton. Eräässä suhteessa meillä oli rentoa kotona, sillä saimme aina jäädä kuuntelemaan ja keskustelemaan kun meillä oli aikuisia kylässä. Kirkolla, kerhoissa ja kotona meille syntyi varhainen, mutta vankka uskonnollinen vakaumus.

Eräs pihatoverimme muistutti meitä perheemme puutteista. Hän valisti, että jos isämme olisi opiskellut insinööriksi, meilläkin olisi televisio ja auto. Me annoimme takaisin samalla mitalla siskon kanssa ja huusimme pihalla hänelle: "Rahaa, rahaa huutaa maailman lapset. Teillä on auto ja telkkari, mutta meillä on Jeesus." Sen jälkeen emme enää saaneet hyvää tarkoittavia neuvoja.

Vaikea autokysymys jäi unohduksiin ja saimme television uuteen virka-asuntoon Munkkivuoressa, kun isästä oli tullut kirkkoherra. Kovin paljon en enää autoja miettinyt, enkä tuntenut myöhemmin minkäänlaista tarvetta suorittaa ajokorttia täytettyäni 18 vuotta. Nuoruusvuosien runsas elokuvien katselu kuitenkin vakiinnutti autohaaveeni: jos rikastun, ostan elegantin Citroënin Ison Kissan. Perheen kasvaessa muutin haavettani astetta käytännöllisemmäksi ja unelmoin isosta Volvon farmarista, myös siksi että elokuvissa jenkkiläiset älyköt ajoivat sellaisella. Nämä olivat haaveita, jotka eivät todellakaan mahtuneet pikkuvirkamiehen perheen talouden realiteetteihin.

Kun aikanaan tuli välttämättömäksi hankkia viisihenkiselle perheelle kulkuneuvo lomamatkoja ja urheiluharjoituksia varten, päädyin kaikiksi työvuosiksi käytännöllisiin ja järkeviin saksalaisiin alemman keskiluokan farmarimalleihin. Vasta eläkkeellä ryhdyin irrottelemaan ja hankin pienen, mutta persoonallisen Citroën Picasson.

Koskaan ei ole kuitenkaan liian myöhäistä käsitellä lapsuuden traumoja ja elämän täyttymättömiä haaveita. Sveitsiläinen yritys on alkanut markkinoida 1950-luvun pojille – siis nykyisille papparaisille – alkuperäisen kaltaisia Dinky Toys -pikkuautoja, joita minäkin keräsin Munkkiniemessä. Niissä mittasuhteet ovat kohdallaan ja kaikki on tehty huolella. Club Dinky Toys toimii kirjakerhon tapaan ja pelkästään kerhon rintamerkki on niin hieno, että äkkiä katsottuna voisi luulla minun kuuluvan johonkin eksklusiiviseen herrainklubiin. Olen kertonut vaimolle, että kerään pikkuautokokoelman maalle kesämökkimme nuoren vuokraemännän ja -isännän alle kouluikäisen pojan vierailuja silmällä pitäen.

Pikkuveli, puuankka ja Chelsea

Lapsia paljon rakastavien ihmisten elämässä voi olla vaiheita, jolloin lasten hoitaminen ja leikkiminen heidän kanssa ei huvita lainkaan. Minulle sattui tällainen vaihe 1960-luvun puolivälissä, jolloin nuorin veljeni syntyi. Täysi nuoruuteni oli käynnistynyt voimalla ja otin haltuun uutta maailmaa: katselin elokuvia, istuin ystävien kanssa kahviloissa, kuuntelin luokkatoverini Jaskan kämpällä musiikkia ja matkustin kesäisin Gotlantiin. Kaikki mikä tapahtui kodin ulkopuolella oli kiinnostavaa ja koti oli tärkeä vain levon, ruoan ja vaatehuollon kannalta.

Asuimme suuressa virka-asunnossa Munkkivuoressa, jonne olimme muuttaneet kun isästä tuli kirkkoherra. Keittiöstä ja vanhempien makuuhuoneesta johti käytävä eteiseen. Käytävän päähän sijoitettiin suuri arkku, jotta perheen kuopus ei olisi ryöminyt kaikkialle asunnossa. Mieleeni on jäänyt kuva näiltä vuosilta: vilkutan eteisessä arkun toisella puolella pikkuveljelle kun olen lähdössä kaupungille.

Eräänä sunnuntai-iltapäivänä vanhempani velvoittivat minut hoitamaan veljeä. Tuntui todella hankalalta menettää tärkeä osa viikon ainoasta vapaapäivästä – ehkä juuri silloin kaupungilla on meneillään jotain tärkeää ja mielenkiintoista. Vaihtoehtoa minulle ei kuitenkaan annettu.

Kaupungille oli kuitenkin pakko päästä, ja lähdimme jo kävelemään oppineen veljeni kanssa Atskin opiskelijoiden myyjäisiin. Kiertelimme ja katselimme opiskelijoiden suunnittelemia ja valmistamia tuotteita. Pikkuveli alkoi ajaa värikkäällä puisella ankalla, jonka pohjaan oli asennettu pienet pyörät ajoneuvon tapaan. Myyjä alkoi markkinoida minulle sisäkäyttöön tarkoitettua ajoneuvoankkaa ja sanoi: "Ankalla on niin hyvät ja kolisemattomat pyörät, että lapsen leikkiminen ei haittaa faijaa, vaikka on krapulapäivä". Tajusin että hän luulee minua pikkuveljeni isäksi. Tunsin suunnatonta ylpeyttä; minä en ole mikään poikanen vaan nuoren isän näköinen. Ostin veljelleni ankan, vaikka siihen menivät kaikki rahani.

Muutin pois kotoa ennen kuin veljeni aloitti kansakoulun. Kun vanhin poikani syntyi, hänellä oli pienempi ikäero veljeeni kuin minulla. Ja kun me muutimme Länsi-Pasilaan, alkoivat esikoiseni tiheät vierailut isoäidin luokse. Isoäiti tarjosi pommacia ja pasteijoita, mutta lukiolaissedän huoneessa saattoi kuunnella levyjä ja lukea englantilaisia jalkapallojulkaisuja.

Minä en ehtinyt koskaan siirtää tapoja ja traditioita nuorimmalle veljelleni, mutta hän kertoi pojalleni mikä on hyvää musiikkia ja mitä jalkapallojoukkuetta tulee kannattaa. Englannissa Chelsea on oma joukkue ja Ruotsissa AIK. Niinpä esikoinen juoksi jo varhain koulun pihalla Chelsean pipo päässään. Myöhemmin setä tutustutti veljenpoikansa jalkapalloystäviinsä Lontoossa ja Tukholmassa.

Nyt nuorin veljeni on jo yli viidenkymmenen ja hänen veljenpoikansa yli neljäkymmentä. Nykyään kyselen usein juuri heiltä tämän päivän tavoista ja käytännöistä. Jalkapallosta he puhuvat niin paljon ja asiantuntevasti, että siitä minun ei kannata lausua yhtään mitään heidän seurassaan.

Nukkuminen kannattaa aina

Isäni Kivisaaren veneessä 1950-luvulla.

En tiedä miten isäni torkkui lapsena ja sodassa, mutta niin kauan kuin muistan, hän oli verraton torkkujen ottaja. Paikan valinnassa hän oli vapaa ja epäsovinnainen; mikään sohvankulma eikä tilanne ollut sopimaton torkkuihin. Isä eli lyhyen, mutta intensiivisen elämän. En usko, että hän olisi jaksanut julistaa Jumalan armoa ja rakkautta niin puhuttelevasti ja suurella lämmöllä ellei hän olisi ottanut jatkuvasti pieniä tirsoja.

Toinen lapsuuteni ja nuoruuteni tärkeä mies, äidinisäni, oli juristi ja ministeriön virkamies. Hän edusti puolestaan pedanttia nukkumiskulttuuria. Kun työelämän rytmi oli leppoisa ennen sotia – ja kotikin lähellä valtioneuvoston linnaa –, isoisä käveli kotiin aamiaistunnilla, söi lounaan, nukkui tovin ja joi sen päällä kupin mustaa kahvia. Koska hän oli säntillinen virkamies, hän jätti aina iltapäivällä kahvitauon väliin, sillä hän oli lisännyt sen aamiaistunnin kokonaispituuteen. Sotien jälkeen työtahti kiihtyi ja hän nukkui vasta päivällisen jälkeen. Mutta moni hallintotoimi olisi jäänyt suorittamatta ilman näitä unia.

Itse opin päiväunien merkityksen Gotlannissa tiskaajana. Lounastiskien ja päivällisen välillä oli vapaata, jolloin kannatti ottaa kunnon päiväunet metsämökissä. Ne antoivat energiaa, sillä nuoruuden kesäyöt Gotlannissa saattoivat kestää aamutunneille asti. Kokemukset Gotlannista antoivat minulle hyvän perustan arvostaa nukkumista. Työelämän vuosikymmeninä kärsin kovasti päiväunien puutteesta, mutta joskus pitkien ulkomaisten kokousten ja kielten sekamelskan jälkeen saatoin nukkua hotellissa vielä tasoittavat päiväunet. Kun minusta nyttemmin on tullut eläkemies, vaimoni sanoo, että jatkan hyvin sekä isäni että isoisäni nukkumistraditioita.

Pojista näyttää tulevan isiensä ja isoisiensä kaltaisia. Olin kiihkeän esikoiseni kanssa ensimmäisellä ulkomaanmatkalla Tukholmassa kun hän oli viisivuotias. Asuimme matkan ajan tulevan lankoni luona Hässelbyssä. Joka kerran kun lähdimme sinne T-Centralenista, nuori matkatoverini kävi pitkälleen tunnelbanavaunun penkille ja nukkui perille saakka. Näin kertyi voimia seikkailuita ja myöhäisiä tv-otteluita varten.

Kuopuksen tapa kyläillä luonamme koostui pitkään nukkumisesta. Kun asuimme vielä hänen lapsuudenkodissaan Pasilassa, hän kävi mielellään nukkumassa sohvallamme. Suhtauduimme tähän hyvin positiivisesti: on hauskaa jos lapsuudenkodin olohuone on nuorelle miehelle turvallinen ja rento nukkumispaikka kaikkina vuorokaudenaikoina.

Kaikille vapaa nukkuminen ei kuitenkaan ole itsestäänselvyys. Muistan miten hämmentynyt vävymme oli kun hän tuli ensimmäisen kerran mukaan puolison perhepiiriin jouluaaton viettoon. Heti eteisen jälkeen hän näki sängyn, jossa nukkuivat onnellista unta puolison setä ja veli.

Tässä tarinassa ei ole vielä esiintynyt yhtään nukkuvaa naispuolista henkilöä. Onko heidän tehtävänsä olla valveilla, jotta ruoka ei pala uunissa eivätkä lapset syö pieniä lelunpaloja? Ehkä niin, mutta olen havainnut myös ylisukupolvista oppimista. Vein aikaisemmin usein tyttärentytärtä iltapäivällä telinevoimisteluharjoituksiin Myllypuron Liikuntamyllyyn; nyt hän menee sinne itse metrolla. Automatkan alussa hän kuunteli yhden tai kaksi Rajattomien esittämistä lastenlauluista, mutta nukahti joka kerran vartin pikaunille ennen harkkoja. Pojantytär osaa puolestaan ottaa päivällä sellaiset mahtiunet, että niiden jälkeen hän pystyy leikkimään neljä-viisi tuntia yhteen soittoon. Yleensä minä torkahdan puolivälissä, mutta kun jonkun täytyy jaksaa, se on tietenkin isoäiti.

Hyvästi sukuarkisto!

Kuvassa äitini isovanhemmat, vanhemmat ja isoveli. Kuva on vuodelta 1924. Äitini on jo syntynyt, mutta vauvaa ei ole otettu valokuvaamoon.

Lapseton enoni kuoli 87-vuotiaana alkuvuonna 2011. Hän oli koko aikuisikänsä intohimoinen ja työteliäs tutkija diplomaatinuran rinnalla. Koska hän ehti olla pitkään eläkkeellä, kertyi myös päätoimisia tutkija-vuosia lähes neljännesvuosisata. Näin häneltä jäänyt arkisto oli valtava, vallankin kun hän säilytti katta-vasti kaiken ja hänellä oli myös hallussa perhepiirin muiden jäsenten jälkeenjääneet paperit. Kun hänen asuntonsa ja työtilansa oli tyhjennetty, jäi vielä mittava arkistoaineisto seulottavaksi.

Aivan viimeisinä vuosina – kun enon muisti ja työ-kyky heikkeni – hän toisti usein, että miehen kunnia-asia on järjestää ja luovuttaa omat paperit arkistoon. Hän pahoitteli minulle, että hänellä oli ollut niin paljon mielenkiintoista tutkittavaa ja julkaistavaa, minkä takia oman arkiston järjestely oli lykkääntynyt. Minä puolestani lohdutin häntä ja sanoin ettei hänen kannata käyttää elämänsä viimeisiä aikoja kunnian murehtimiseen; kyllä kaikki asiat järjestyvät.

Olen tehnyt seulontaa hitaasti jo usean vuoden ajan. Asiakirjat ovat olleet suurissa pahvilaatikoissa varastossa, ja olen seulonut papereita kahdessa työpisteessä, ensin Herttoniemen asukastilassa entisessä pankinjohtajan huoneessa ja sitten Suvilahden Konttorin työpöydällä. Kävin työpisteellä kerran tai korkeintaan pari kertaa viikossa ja päätin jo alussa, että seulon papereita, en ryhdy lukemaan niitä muuta kuin sen verran mikä on seulonnan kannalta välttämätöntä.

Vaikka olin toiminut enoni asuessa ulkomailla hänen asiainhoitajanaan Suomessa, olivat useimmat hänen kiinnostuksensa kohteet minulle sisällöllisesti vieraita. Enoni tutki sukuja ja henkilöhistoriaa, kunniamerkkejä ja vaakunoita sekä ratsuväkeä ("Die Kavallerie ist nicht nur eine Waffengattung, sie ist eine Weltanschauung.") Harrastuneisuuteen kuuluivat myös kirjat ja ex librikset. Vieraus oli toisaalta hyvä asia, koska en jäänyt kiinni aineistoon, toisaalta vaikeus, koska papereiden arvottaminen oli väliin vaikeaa.

Koska oikeastaan kaikki äitini puolen sukulaiset ovat olleet hyvin pitkäikäisiä ja eno julkaissut paljon, ovat perhepiirin elämänvaiheet ja sukutarinat varsin tuttuja minulle. Suuria yllätyksiä en ole kohdannut seuloessani, mutta olen voinut syventää käsitystäni eräistä henkilöistä. Kalenteri- ja päiväkirjamerkinnät sisällis-, talvi- ja jatkosodan ajoilta olen lukenut kiinnostuneena. Olen yrittänyt hahmottaa perhepiirin suurta käännettä, kun perhe menetti omaisuutensa Helsingissä 1900-luvun aivan alussa Suomen Maanviljelys- ja Teollisuuspankin konkurssissa, jonka kakkosmiehenä äitini isoisä toimi.

Seulontapäiviin ovat tuoneet virkistystä arvokkaiden ja muodollisten onnitteluiden ja tervehdysten joukossa esiintynyt menneen maailman kirjallinen huumori. Uuden Suomen päätoimittaja on lähettänyt vuonna 1957 virkamies-isosälleni sähkeen "onnitellen 70-vuotiasta Yul Brynneriä". Virkatoverit puolestaan onnittelivat 60-vuotiasta äitini isoisää vuonna 1915 säkeillä: "Monet vaiheet vaikk´ kokenunna hän on,/ yhä mieli on leikkisä, nuori,/ vars´ sorja ja pyylevä, pää peloton,/ jota peittävi kukkea kuori."

Perhepiiriltä on jäänyt mappeihin sadan vuoden kirjeenvaihto. Aineistoa seuloessani olen tajunnut, että kuulun viimeiseen sukupolveen, joka vielä pitkälle aikuisuuteen asti kirjoitti kirjeitä. Eno on tallentanut kirjeeni, jotka olen lähettänyt hänelle ulkomaille. Niistä voin mukavasti seurata lapsiperheemme elämänmenoa 1970- ja 80-luvuilla ja palauttaa mieleen keskeisten tapahtumien ajankohtia. Minulla ei ole enää kirjeitä omilta lapsiltani ulkomailta, sillä yhteydet on matkojen aikana pidetty muilla välineillä.

Olen nyt saanut seulottua koko aineiston, ja edessä on sen luovutus arkistoon. Keväällä voisin kävellä paljon ulkona ja antaa merituulen puhaltaa sukupölyt pois päältäni. Mutta ehkä ensi syksynä voisin kehittyneellä ammattitaidolla aloittaa vanhempieni ja oman aineistoni seulonnan luovutuskuntoon, jotta lapseni säästyisivät sukupolvelta toiselle kiertäviltä aineistolaatikoilta.

Huono käytös

Minun lapsuuteni oli onnekas, sillä ympärilläni olleet aikuiset olivat lähes poikkeuksetta ystävällisiä, kohteliaita ja kilttejä. Vanhempieni ystävät edustivat sellaista kristillistä ja liberaalia kulttuuria, jossa lasten mielipiteistä oltiin kiinnostuneita ja heidän kanssaan keskusteltiin paljon. Opin myös tapoja liikkuessani isoisän kanssa, joka oli sekä herrasmies että lasten suuri ystävä. Ihailin häntä ja halusin kasvaa samanlaiseksi ystävälliseksi ja hyvin käyttäytyväksi ihmiseksi.

Totta kai koti- ja lähitaloissa asui äkäisiä ja pahansuopia ihmisiä, mutta me lapset opimme nopeasti välttämään kohtaamiset heidän kanssaan. Puliukot tuntuivat aluksi pelottavilta, mutta aika äkkiä huomasimme etteivät he ole vaarallisia. He kulkivat viinakaupasta Riihitietä pitkin kohti merenrannan korkeaa kaislikkoa. Kotonakin sanottiin, että puliukot ovat herkkiä ihmisiä, jotka eivät ole kestäneet kovaa maailmaa.

Ensimmäisen kerran jouduin tekemisiin huonon käytöksen kanssa kansakoulun kolmannella ja neljännellä luokalla. Laulunopettaja sai helposti raivokohtauksia. Hän sanoi että ei voi mitään niille, koska hänellä on niin kiivas luonne. Oman luokkamme opettaja ei edes selitellyt mitään vaan oli suorastaan julma hitaasti oppiville pojille. Opettaja luki säännöllisin väliajoin luokan ranking-listan oppikouluun pyrkimistä silmällä pitäen ja nöyryytti eri tavoin listalla viimeisinä olleita poikia.

Kun siirryin työelämään, huomasin että olisi ollut hyödyllistä oppia lapsuudessa edes ripaus kovuutta, joka olisi suojannut kolhuilta. Vielä 1970- ja 1980-luvuilla oli tavallista, että virastojen päällikkövirkamiehet – pienet ja suuret – saattoivat käyttäytyä täysin sopimattomasti: räyhätä, komentaa ja nöyryyttää. Monesti näillä öykkäreillä oli liehittelijöitä, jotka todistivat näiden henkilöiden olevan persoonallisuuksia. Itse en koskaan joutunut kenenkään tällaisen suuren persoonan hampaisiin, mutta kärsin pelkästään huonon käytöksen näkemisestä ja kuulemisesta.

Olen ollut iloinen, että lainsäädäntö ja kulttuuri ovat pakottaneet ihmiset käyttäytymään edes kutakuinkin kohtuullisesti. Röyhkeys, omahyväisyys ja ilkeämielisyys tuskin loppuvat koskaan, mutta on hyvä että edes avoin räyhääminen ei ole suvaittavaa.

Olen läpi elämäni yrittänyt noudattaa lapsuuden ihannetta: hyvää ja ystävällistä käytöstä. Yleensä se on kannattanut, mutta ei suinkaan aina. Olen aika ajoin ottanut kiltteyttäni ja velvollisuudentunnosta hoitaakseni tehtäviä, joista minun olisi pitänyt pysyä kaukana. Ja pysyä myös kaukana ihmisistä, jotka ovat röyhkeitä, piittaamattomia ja itsekeskeisiä.

Minusta tuntuu, että kaipaan vielä kurssitusta. Mistä löytäisin liian kilteille ja ystävällisille ikäihmisille tarkoitetun tottelemattomuus- ja tylyyskoulutuksen?

Sukupolvet

Viimeinen minua edeltäneeseen sukupolveen kuulunut perhepiirini jäsen kuoli joulukuun alussa. Tarkkaan ottaen hän ei ollut sukulaiseni, mutta hän tuli perhepiiriimme melkein kuusikymmentä vuotta sitten avioliiton kautta. Viimeiset vuodet hoidin hänen talous- ja hallintoasioitaan, joten sain lähiomaisen roolin.

Juttelin tällä viikolla kaupungilla niitä näitä tuttavani kanssa ja mainitsin kuolemantapauksesta. Hän kysyi, onko minulla haikea ja surullinen mieli. En osannut oikein vastata kysymykseen.

Isäni kuolemasta on yli neljäkymmentä vuotta ja äitinikin yli kymmenen. Kun he kuolivat, oli suru suuri ja pitkä. Ja vanhempiaan kaipaa aina, varmaan omaan kuolemaansa asti. Kun vanhemmat ovat poissa, ei ole ketään jolta kysyä omasta lapsuuden maailmasta ja sen ihmisistä.

Olen viimeisen kymmenen vuoden aikana hoitanut perhepiirin useiden iäkkäiden sukulaisten loppuvaiheen asioita, kun heillä ei ole ollut omia lapsia. Kerta toisensa jälkeen olen joutunut näkemään syvän vanhuuden murheet. Energia loppuu, ruumis haurastuu, asiat eivät pysy mielessä, ruoka ei maistu, ympärillä on outoja asioita. Kaikki näyttää harmaalta ja sumealta. Vanhuspalveluvuosien jälkeen en osaa heti täyttää mieltäni iloisilla tarinoilla näistä ennen niin voimakkaasti tahtoneista ja toimineista ihmisistä.

Monia tarinoita toki muistan jos vain haluan. Joulukuussa kuolleella vanhalla rouvalla oli kova temperamentti ja uskomaton tahto. Kun hän teki äitini kanssa Turkissa lomamatkan pieneen kaupunkiin, hyökkäsivät kulkukoirat heidän kimppuunsa. Äiti lamaantui, mutta vanha rouva huusi ja huitoi kävelykepillä koiria niin kovaa, että koirat pakenivat. En todellakaan olisi halunnut osua hänen ja hänen rollaattorinsa tielle Bulevardilla.

Luulen että nämä vanhuspalveluvuoteni olisivat olleet kovin raskaita ja harmaita ilman samaan aikaan syntynyttä lastenlasten sukupolvea. Omat ja ystävien lapsenlapset ovat uskomattomalla energiallaan täyttäneet mieleni ja pyyhkäisseet pois raskauden. Nyt kun jo oma sukupolveni – minä tietysti mukaan lukien – yleensä toistaa samoja vanhoja juttuja, on hyvin virkistävää kuulla lastenlasten sukupolven kommentteja ja pohdintoja.

Tiedän että aika kuluu nopeasti ja pian osaan luontevasti kertoa lapsenlapsille huimia ja hullunkurisia tarinoita henkilöistä, jotka olivat heidän isoisovanhempiaan sekä isoisotätejään ja -setiään, ja joita he eivät koskaan nähneet tai muistavat korkeintaan jotain hyvin hämärää. Syvän vanhuuden murheet unohtuvat varmasti näissä tarinoissa.

Kuubalaisia sikareita Tallinnasta

Teimme runsaat neljäkymmentä vuotta sitten häämatkan Suomenlahden eteläpuolelle Tallinnaan. Häämme osuivat pelkistyneisyyden aikaan, joten häämatkaamme voi pitää suureellisena järjestelynä, sillä normaalisti naimisiin mentiin ruokatunnilla ja häämatka tehtiin raitiovaunulla tai korkeintaan Suomenlinnan lautalla. Lieventävänä asianhaarana voi pitää sitä, että matka oli sen kesän ainoa lomamme.

Asuimme vastarakennetussa korkeassa Viru-hotellissa, jonka toisessa kerroksessa oli valuuttabaari. Lankoni oli siihen aikaan kovin innostunut sikareiden poltosta ja hän pyysi minua tuomaan kuubalaisia Tallinnasta, koska ne olivat edullisia Neuvostoliitossa. Illalla nautimme virvokkeita valuuttabaarissa ja päätin toteuttaa uutena sukulaismiehenä toiveen saman tien.

Selitin asiaani sekä suomeksi että alkeisvenäjälläni baarimestarille. Hän tiedusteli minulta määrää, mutta siitä emme olleet puhuneet langon kanssa yhtään mitään. Otin laatikollisen jotten ostaisi liian pientä määrää; en halunnut että minusta puhuttaisiin suvussa pihinä miehenä. En ymmärtänyt lainkaan että laatikollinen paksuja kuubalaisia sikareita ei ollut mikään pikkuostos Neuvostoliitossakaan, mutta en lähtenyt perumaan kauppaani. Valitettavasti ostokseni vei leijonanosan matkakassastamme.

Olimme sitten jokseenkin rahattomia loppumatkan, mutta se ei suuremmin haitannut, sillä Inturistin matkaan sisältyivät kaikki ateriat ja kiertomatkat. Vapaa-aikana kuljimme Tallinnan vihreissä puistoissa ja katselimme leikkiviä lapsia.

Vanhan kaupungin liikkeiden näyteikkunoissa oli surunauhoin varustetuissa kehyksissä vanhemman miehen kuvia. Mies oli meille tuntematon, mutta saimme selvillä että hän oli ollut suuri virolainen shakinpelaaja. Tämä tuntui meistä oudolta, sillä Suomessa ei muisteltu shakin mestaripelaajia kuten presidenttejä, marsalkka Mannerheimia ja säveltäjä Sibeliusta. Vasta myöhemmin meille on selvinnyt, että virolainen shakinpelaaja ja shakkikirjailija Paul Keres oli kuollut yllättäen Helsingissä häitämme edeltävänä päivänä.

Lanko sai Helsingissä sikarinsa ja meille jäi mukavia muistoja kesäisestä Tallinnasta. Meni pitkään ennen kuin matkustimme sinne seuraavan kerran. Lapsiperheellä oli niukasti rahaa, eikä Tallinna ja Neuvosto-Viro noussut lomakohteiden toivelistalla kärkeen. Mutta itsenäistymisen jälkeen matkoja on riittänyt: päiväristeilyjä, seminaarimatkoja, vierailu- ja luennointimatkoja, hotellilomia Tallinnassa sekä matkoja Viron muihin kaupunkeihin ja niiden kylpylöihin.

Olen saanut nyttemmin kuitattua sähläilyni ja huomattavat ostokseni Virun valuuttabaarissa. Hankin sieltä viime talvena seminaarimatkalla edulliseen hintaan Työn sankarin punaisen passin. Sitä näyttämällä on oikeutettu ohittamaan muut jonoissa. Ystävällinen baarimestari kirjoitti passiini nimeni venäjäksi. Nykyinen kansainvälinen tilanne on kuitenkin sellainen, että en ole katsonut aiheelliseksi käyttää sitä aktiivisesti.

Neljässäkymmenessä vuodessa Tallinna on muuttunut perusteellisesti. Tällä viikolla istuimme Kalamajan sympaattisessa Boheem-kohvikissa, jossa nautimme italialaisia leikkeleitä ja juustoja sekä hyvää punaviiniä. Samalla katselimme nuorten naisten pukeutumista, jotta tietäisimme mikä on muodikasta juuri tänä syksynä.

Latte-papat ja tiskaaja-isä

Luin viikolla Hesarista laajan jutun Uumajan onnellisista koti-isistä. Kävin Uumajassa viimeksi kaksikymmentä vuotta sitten, mutta näen usein Tukholmassa tyytyväisiä latte-pappoja kahviloissa aamiaisella lapsen kanssa ja työntämässä rattaita kohti dagista. Tiedän, että mikään ei tee miehelle niin hyvää kuin hoitaa lastaan pienenä.

1970-luvun puolivälissä äitiysloma kesti puoli vuotta. Vaimoni äitiysloma päättyi kesän alussa ja esikoiselle oli luvattu paikka päiväkodin vauvalassa elokuussa. Minä olin vielä opiskelija, mutta vaimoni valmis erikoissairaanhoitaja. Minun paperinarulihakseni ja tekninen kömpelyyteni tekivät mahdottomaksi lyhytaikaiset miesten työt satamassa tai rakennuksilla, joista olisi saanut kunnolla rahaa. Vaimo meni työhön ja minä jäin koti-isäksi.

Olin hyvin tyytyväinen, sillä mistä olisin voinut saada parempaa kesäseuraa kuin esikoispoikani. En oikein löytänyt paikkaani Kulosaaren – josta olimme saaneet hyvän vuokra-asunnon – lapsia ulkoiluttavien rouvien keskuudessa, joten lähdimme oikeastaan päivittäin seikkailemaan kaupungille. Esittelin ylpeänä poikaani tutuille, ja olimme selvästi vauhdissa hänen kanssaan keskustassa. Seikkailun jälkeen nukuimme molemmat kotona päiväunet, ja olimme näin virkeinä vastaanottamassa perheen äitiä töistä.

Kerrostalossamme karsastettiin uutta lapsiperhettä. Vanhat rouvat katsoivat, että talomme on muuttunut slummiksi kun ulkona kuivatetaan vaippoja. Lisäksi naruja ei heidän mielestään saanut jättää kuivaustelineeseen kun kävin hakemassa pyykin nopeasti kesäsateen tieltä. Tädit heittivät narut puskaan, koska pyykkitelineet olisivat kuluneet liikaa kiristettyjen narujen vuoksi.

Pienistä pyykkiongelmista huolimatta muistelen alkukesää onnen ja läheisyyden aikana. Heinäkuussa törmäsimme aikamoiseen rahattomuuteen, jonka olisi voinut vielä kestää kaksistaan, mutta ei oikein lapsen kanssa. Siihen aikaan ei oltu vielä keksitty erilaisia joustavia tapoja taikoa käteistä ja pelata muovikorteilla. Meillä oli kyllä tili Elannossa ja Stockmannilla, mutta tarvitsimme nopeasti käteistä ja tilille rahaa laskunmaksuun.

Sain vinkin, että ravintola Kappeliin otetaan ilta- ja yötiskaajia, joiden palkanmaksuväli oli sopivasti viikko. Vapauden aika päättyi, kun hoidin päivät lasta ja tiskasin illat puoleenyöhön Kappelissa. Minulla oli suloiset muistot tiskaajan kesistä Gotlannissa iloisessa nuorten porukassa. Kappelin tiskiin näytti hakeutuvan tilapäistöiden tekijöitä, usein alkoholisoituneita vajaatyökykyisiä ihmisiä, joita ei enää näkynyt palkkapäivän jälkeen. Tarjoilijat katsoivat meitä pitkin nenänvartta ja tuskin puhuivat minulle ja tiskaajakollegoilleni.

Muutaman tiskausviikon jälkeen aloitimme uuden ihanan arjen: poika meni harmaaseen matalaan päiväkotiin, minä lähdin Domukselle tekemään gradua ja vaimo töihin Hesperiaan. Olimme palkkarahoillani ostaneet esikoiselle kengät päiväkodin aloittamista varten. Ensimmäisen päivän jälkeen ne olivat jo hyvin kuluneet, sillä hän eteni päiväkodin betonipohjaisella ulkopihalla niin, että kengät raapiutuivat.

Isien ja poikien puheet

*Kalle ja Pumppe perheen ensimmäisessä kodissa Meritullinkadulla
1950-luvun alussa.*

Entinen työtoverini ja nykyinen fb-kaverini Ulla Man-
sikkamäki kirjoitti kuukausi sitten päivityksessään
lapsuudestaan pappisperheessä: "Me saimme luon-

taisetuna tutustua laajasti Suomen pappiskuntaan ja niinpä meistä kehittyikin armottomia puhelahjojen arvioijia." Miten tutulta tämä kuulostaakaan papinpojasta! Kymmenisen vuotta sitten Kansallisen pienellä näyttämöllä näkemäni Minna Canthin Papin perhe tuntui samalla lailla tutunoloiselta, vaikka siinä kuvataan sukupolvien ristiriitoja 1800-luvulla.

Kuljin jo pienenä poikana isäni mukana kirkolla, leireillä ja eri tilaisuuksissa, joissa kuulin hänen ja muiden pappien puheita. Kuulin siis varhain monenlaisia puheen tyyppejä eri tilanteissa. Isällä oli erikoinen tapa keskustella kävellessä minun – pikkupojan – kanssa tulevan puheen sisällöstä ja myös analysoida puheita kotimatkalla. Tämä puheiden analysointi jatkui niin kauan asuin kotona. Vuosien varrella tulin huomaamaan, että isä oli verraton puhuja: hän osasi puhua niin lapsille, nuorille, aikuisille kuin vanhuksillekin. Hän kykeni sekä tempaamaan mukaansa että puhumaan vaikeistakin asioista arkisilla sanoilla.

Kun oppikouluvuoteni alkoivat keskustan poikakoulussa, käynnistyi myös kokeilu uudessa vapaaehtoisessa aineessa, puhekasvatuksessa. Menin innolla mukaan opiskelemaan puhekasvatusta ja olin valmis kaikkiin projekteihin, joita opettaja ehdotti. Puhekasvatus jatkui läpi kouluvuosien ja sain näin systemaattista valmennusta puhumisen eri muotoihin. Itse koin, että puhekasvatus oli pääaineeni oppikoulussa.

Kaikki huipentui lukiossa kolmena peräkkäisenä vuonna kahden eri kumppanin kanssa saavuttamiini voittoihin Norssin väittelykilpailussa. Sillä kuittasin kansakoulun viidennet ja kuudennet sijat hiihto- ja juoksukilpailuissa, joiden takana oli kuitenkin hirmuinen yritys ja jokapäiväinen innokas harjoittelu. Väittelyvoitot kohottivat itsetuntoani pysyvästi niin paljon, että elämän kolhut eivät pystyneet heiluttamaan minua myöhemmin.

Pääsin ministeriöön töihin substanssiosaamiseni vuoksi, mutta myös siksi, että siellä tarvittiin puheenkirjoittajaa. Vakuutin haastattelussa olevani sellainen. Puheluonnosten kirjoittamisesta pidin kaikki vuodet, mikään ei ollut hauskempaa hiljaisessa virkahuoneessa kuin kirjoittaa rauhassa puhetta. En itse koskaan innostunut kolmen vartin tai puolen tunnin kalvoesitelmien pitämisestä, mikä oli virkamiespuhumisen perusmuoto. Mutta jos tarjoutui tilaisuus pitää kunnon puhe tai vaikka vartin puheenvuoro, tein ne huolella ja nautin niiden pitämisestä.

Kun vanhin poikani eteni yläasteen viimeisille luokille, huomasin että hänestä tulee puhuja, joka siitä lähtien pitää koulun juhlissa aina oppilaan puheen. Katsoimme yhdessä televisiosta poliittisia väittelyitä ja analysoimme eri keskustelijoita. Kun hänestä oli tullut täysiverinen poliitikko, näin miten suurella intohimolla hän valmisteli puheitaan. Puheet eivät olleet koskaan toisen käden juttuja. Nykyään kuulen yleensä hänen puhuvan suurissa tilaisuuksissa, toreilla ja juhlasaleissa. Hänen puheissaan on voimaa, selkeyttä ja julistavuuttakin. Hyvä niin, sillä toreilla ei kannata luennoida eikä myöskään kalastella suosiota vain pikkunäppäryyksillä.

Omat puheeni on aika lailla pidetty, sillä hää- ja syntymäpäiväpuheita ei minulta enää juuri kysytä. On tietysti mahdollista, että ystävät alkavat viettää suuria 70-vuotispäiviä, jolloin syntyisi kysyntää puheille. Pelkään kuitenkin pahinta: puhepyyntöjä muistotilaisuuksiin. Jo isäni opetti, että hautajaisissa on raskainta puhua.

Koti hitas-talossa Länsi-Pasilassa

Lähdin vanhimman poikani kanssa suoraan Kirjamessuilta vanhan kotitalomme 30-vuotisjuhlaan. Hän oli siellä pyydettynä juhlapuhujana. Punatiilinen talo näytti hyvältä ja puut olivat kasvaneet sekä pihalla että Maistraatintorilla. Juhlassa tapasin monia vanhoja naapureita ja kohtaamiset olivat rennon iloisia. Entisessä asunnossamme nyt asuva koulutyttö tuli kertomaan minulle huoneensa patterin välistä löytyneestä pienestä mustasta laatikosta. Harmi ettei hän ollut löytänyt laatikosta aarretta.

Paavo puhui hauskasti ja muisteli erityisesti niitä aikoja, jolloin talo valmistui. Taloon muutettiin rappu kerrallaan, ja meidän B-rappumme valmistui joulukuussa 1984. Länsi-Pasilaa rakennettiin vielä täydellä voimalla, ja talomme ympärillä oli jännittäviä työmaita, joissa erityisesti koulupojat seikkailivat.

Pasila on lasteni kotikaupunginosa ja he sanovat aina olevansa sieltä kotoisin. Lapset kävivät koulunsa omalla alueella: Länsi-Pasilan sivukoulussa, Eläintarhan peruskoulussa ja Alppilan yläasteella ja lukiossa. Vaikka minä en ole asunut missään muualla niin kauan kuin Maistraatinkatu 5:ssä – yhteensä kaksikymmentäkaksi vuotta –, en ole lasteni tavoin pasilalainen. Minä olen kotoisin Munkkiniemestä ja kun olen käynyt oppikoulun Ratakadulla, tuli keskustan Nissenin kahviloista toinen olohuoneeni 1960-luvulla.

Perheemme yhteisen elämän suurin lottovoitto oli päästä ostajiksi Länsi-Pasilan hitas-taloon. Talosta oli jäänyt myymättä muutama suuri asunto, ja kaupunki valitsi meidät monien hakijoiden joukosta ostajiksi. Valinnan ratkaisivat suuri perhekoko (viisihenkinen lapsiperhe), vaatimattomat tulot (isä pikkuvirkamies ja äiti sairaanhoitaja) ja taisin saada lisäpisteen syntyperäisestä helsinkiläisyydestäni. Hitas-asunto ja aravalaina olivat meille ainoa mahdollisuus saada tilava perheasunto. Ja pääsimme vielä kantakaupungin tuntumaan, Keskuspuiston viereen ja 50 metrin päähän raitiovaunupysäkistä.

Muutto tilavaan ja pysyvään asuntoon oli kaikille perheessä mieluinen asia. Saimme hankittua parin vuoden kuluttua vielä käytetyn kolmiovisen farmariauton, vaaleansinisen Opel Kadettin. Se palveli meitä vuosituhannen loppuun asti. Sillä pääsimme lomamatkoille Pohjois-Karjalaan, Ahvenanmaalle ja Ruotsiin. Tuntui että meillä oli kaikki aineellinen mitä perhe voi tarvita.

Vuodet kuluivat ja elämä vakiintui Pasilassa. Talon väki alkoi vaihtua. Omat lapsemmekin muuttivat kukin vuorollaan kotoa. Saimme vaimon kanssa heidän lähdettyään omat työhuoneet, joita emme todellisuudessa tarvinneet. Ne muuttuivat enemmän ja enemmän varastoiksi. Mutta mitään varsinaista aikomusta meillä ei ollut muuttaa pois.

Sitten tarmokas tyttäremme aloitti houkuttelun. Hänen mielestään meidän kannattaisi asua lähellä lastenlapsia, jotka tuovat iloa. Hän kertoi että Herttoniemenrannassa on hyviä merenranta-asuntoja ("eikö isä ole aina pitänyt merestä"). Jouduin lopulta valitsemaan meren ja raitiovaunun välillä. Päädyin siihen että vanhana on hauskempi katsoa merta kuin raitiovaunuja.

Hitas-järjestelmä määräsi vanhan asuntomme myyntihinnan, mutta me saimme valita ostajan. Ostajia tarjoutui paljon. Me valitsimme ostajan samoin perustein kuin kaupunki oli valinnut aikoinaan meidät. Valitsimme lapsiperheen, joka oli jo asettunut kaupunginosaan, mutta jolla oli suuri pysyvän asunnon tarve eikä varmaankaan mahdollisuutta ostaa asuntoa kovan rahan talosta.

Me puolestaan ostimme Herttoniemenrannasta asunnon, joka oli pyöreästi kolmanneksen pienempi, mutta vastaavasti kolmanneksen kalliimpi kuin Länsi-Pasilan hitas-asuntomme.

Kallen ja Paavon vaalit

Munkkiniemestä ja Munkkivuoresta muodostetaan oma seurakunta vuonna 1962 ja seurakuntaan ryhdytään valitsemaan vakinaisia viranhaltijoita. Olemme asuneet Munkkiniemessä kuusi vuotta ja isä on toiminut nuorisopappina ja Munkkivuoren piiripappina. Hän on rakentanut eri toimintamuotoja ja seurakuntaa kolmekymppisen voimalla ja innolla, mutta myös entisen poikatyöntekijän ja teinipapin sekä kahden Tukholman-vuoden kokemuksella.

Sodan jälkeisinä vuosina isäni Kalle on teologian ylioppilaana käynyt rakennustyömailla ja armeijan joukko-osastoissa puhumassa, organisoinut Etelä-Helsingissä suuria poikakirkkoja sekä julistanut Herran sanaa tovereiden kanssa tarvittaessa Rööperin pihojen roskalaatikoiden päällä. Munkkiniemessä hän rakentaa yhteyksiä perheisiin partiotyön ja koulun kautta. Kun Munkkivuoren talot valmistuvat, hän kiertää talo talolta soittamassa uusien asukkaiden ovikelloja ja kertoo seurakunnasta. Munkkivuoren Porintielle remontoidaan talon pohjakerroksen varastotilasta kappeli, joka myöhemmin vihitään kirkoksi. Siellä isä pitää jumalanpalveluksia matalassa ja ahtaassa salissa.

Seurakunnan ensimmäisen kirkkoherran virkaan on paljon hakijoita ja vaalisijoille asetetaan kolme teologian tohtoria. Kaupunginosan asukkaat haluavat myös oman nuoren, tarmokkaan ja perinteisistä kaavoista vapaan Kallen mukaan ehdokkaaksi. Ensin hänet äänestetään ylimääräiselle ns. neljännelle vaalisijalle eli ehdokkaaksi ja sitten varsinaisessa vaalissa täysin ylivoimaisella äänimäärällä kirkkoherraksi. Seuraan vaaleja tarkkaan ja minulla on molempien vaalien jälkeen erityistehtävä: annan kotona puhelimessa tietoa soittajille äänimääristä vaikka olen vasta kansakoulupoika.

Vaalien jälkeen tunnen suurta ylpeyttä, kun seurakuntanuoret – joiden eräänlainen maskotti olen – kertovat että kirkolle on tultu äänestämään Kallea kirkkoherraksi myös ravintola Ukko Munkista muutaman oluen jälkeen. Isä on siis lasten, nuorten ja perheiden kaveri, mutta myös kaljaveikot pitävät hänestä, vaikka ovat minusta pelottavia.

Vuonna 1996 Pasilan Vasemmistoliiton osasto pyytää 19-vuotiasta poikaani Paavoa ehdokkaaksi kunnallisvaaleissa. Hän ei ole siihen mennessä toiminut missään poliittisessa järjestössä, mutta pelannut vuosia jalkapalloa Helsingin eri kentillä ja ollut Alppilan koulun juhlien vakiintunut oppilaspuhuja sekä oppilaskunnan puheenjohtaja ja koulun johtokunnan jäsen. Pasilalaiset vasemmistoäidit ovat oppineet tuntemaan hänet.

Ylioppilaskirjoitusten jälkeen asun yhden syksyn hänen kanssaan Tukholmassa: minä olen virkamiesvaihdossa Ruotsin opetusministeriössä ja Paavo opiskelee sosiologiaa Tukholman yliopistossa. Kunnallisvaalien aikaan Paavo on siviilipalvelusmies. Kampanja on pienimuotoinen: Paavon enon ystävän kirjapainossa painetaan käyntikorttia vähän suurempia mainoksia, joissa on pitkätukkaisen ja kapeaposkisen nuorukaisen kuva. Lisäksi rahat riittävät kahteen paikallislehden mainokseen.

Ensimmäisissä kunnallisvaaleissaan Paavo saa 249 ääntä, kuitenkin eniten Vasemmistoliiton nuorista ehdokkaista. Hän saa Helsingin opetuslautakunnan jäsenen paikan ja ryhtyy toimimaan Suomen Demokraattisessa Nuorisoliitossa, joka on Vasemmistonuorten edeltäjä. Työ kaduilla ja kabineteissa käynnistyy voimalla. Paavo kiertää koulujen paneeleissa, kirjoittaa kolumneja, järjestää mielenosoituksia, tapaa säännöllisesti ihmisiä ostaritapahtumissa ja käy puhumassa lähiöiden pubeissa. Seuraavissa kunnallisvaaleissa 23-vuotiaana hän pääsee kaupunginvaltuustoon ja myöhemmin eduskuntaan.

Jotain hämmästyttävän samaa Paavossa on kuin hänen varhain kuolleessa isoisässään: hän ei pelkää mitään eikä ketään. Hän uskaltaa sanoa mielipiteensä milloin ja missä vain. Hän on nopea uusien toimintamuotojen keksijä ja osaa auttaa ihmisiä heidän ongelmiensa ratkaisussa. Molemmat ovat hyviä puhujia ja keskustelijoita.

Minulle itselleni olisi mahdotonta pitää hengellistä puhetta pihan roskalaatikon päällä kuten isäni aikoinaan tai esittää Vasemmiston talouspoliittista vaihtoehtoa

lähiöpubissa poikani lailla. Näihin kahteen suoravii-
vaiseen ja -puheiseen stadin kundiin verrattuna olen
ilmiselvästi ammentanut habitukseni perustan äitini
suvun porvarillisesta ja hillitystä charmista. Kerran
isäni vanhempi sisar, Gea-täti, sanoo minulle asian
kauniisti: "Kalle ja Paavo ovat usein ja räväkästi ää-
nessä ja kertovat ideansa kaikelle maailmalle, mutta
sinä olet sellainen herrasmies". Minusta on siis hänen
mukaansa kehittynyt ystävällinen ja kohtelias, mutta
vähän harmaa valtion virkamies.

Uimakaverit

Lapsena ja varhaisnuorena kaipasin uimakavereita. Lomaviikot perheen kanssa joko maalaistalo-täysihoitolassa Hämeessä tai vuokratalossa Ahvenanmaalla sujuivat hyvin, mutta kolmen kuukauden kesä oli pitkä. Kävimme alkuun äidin kanssa uimarannalla, mutta sitten hänen piti ryhtyä hoitamaan pikkuveljeä. Isä tuntui aina kesäisin kadonneen rippikoulu- ja muille leireille. Onneksi minulla oli sisko, kun parhaat munkkiniemeläiset kaverini olivat lähteneet perheineen Siikajärven tai Lohjan huviloille.

Isovanhemmista ei ollut iloa uima-asioissa, vaikka muutoin tein kävely- ja seikkailuretkiä äidinisän kanssa. En muista nähneeni koskaan isovanhempiani uimassa; muistan vain isoisän ilmakylvyt ja sen että hän osasi seisoa käsillään vielä vanhana miehenä. Mielikuvissa äidinisällä on aina päällä kesäpuku ja isoäideillä vaalea kesätakki, uusi kesähattu ja neulotut käsineet. En olisi voinut kuvitellakaan uimaretkiä heidän kanssaan.

Uimaelämä parani nuoruuden alkaessa. Pääsin pakoon kesätyhjää Munkkiniemeä ensin Johanneksen seurakunnan kesäpaikkaan Kivisaareen Helsingin itäisessä saaristossa ja myöhemmin nuoruuden kesieni mansikkapaikkaan Gotlantiin. Kahtena ensimmäisenä kesänä Gotlannissa ahkeroin aamupäivät kielikurssilla, mutta lounaan jälkeen otimme aurinkoa Toftan loppumattoman pitkällä hiekkarannalla ja uimme aavan meren suurissa aalloissa. Kun pääsin tiskaajan tehtäviin moneksi kesäksi täysihoitola Toftagårdeniin, katselimme usein iltaisin rannalla horisontin taakse laskeutuvaa suurta punaista aurinkoa ja joskus hulluttelimme uimalla Marimekon pitkissä raitayöpaidoissa.

Minusta ei onneksi tullut isäni lailla pappia, sillä olisin varmaan pappina viettänyt omien lasteni lapsuuden parhaat uimavuodet rippi- ja kesäleireillä. Sen sijaan saatoin matkustaa lasten kanssa veneellä Pihlajasaareen, pyöräillä Mustikkamaalle ja leikkiä nuorimmaisen kanssa naturistia Ahvenanmaan kallioilla. Leireille lähtivät lapset, en minä.

Kahdessa sukupolvessa isovanhempien rooli on muuttunut: mummit ja papat ovat lastenlastensa parhaita uimakavereita. Kun vaimoni jäi eläkkeelle, suunnittelimme asian kunniaksi matkaa tavanomaista pitemmälle. Tytär kuuli puheemme ja alkoi houkutella meitä perheensä mukaan lomamatkalle kauas lämpöön. Ja oikeastaan, voiko meillä olla parempaa seuraa kuin lapsenlapset. Uimme kahden viikon ajan uima-altaalla, kannattelimme nuorempaa veden päällä ja otimme vastaan vanhempaa vesiliukumäestä. Toki ratsastimme elefantilla ja ajoimme tuk-tukilla, mutta uiminen oli päivien päätehtävä.

Tämän kesän ylipitkällä hellejaksolla isot lapsenlapset olivat viikon päiväkerhossa luonamme. Vältyimme monilta tavanomaisilta sisarustappeluilta, koska saatoimme lähteä joka päivä uimarannalle. Siellä lapsen-lapset heittelivät nauraen palloa ja näyttivät isoisälle hienoja sukelluksia. Ja myös ruoka maistui hyvin uimareissujen jälkeen.

Saimme kesällä tarjouksen, josta emme voineet kieltäytyä. Meitä pyydettiin mukaan nuorimman lapsenlapsemme uimakavereiksi etelään silloin kun Helsingissä on pimein ja loskaisin aika. Ja vastaus oli taas selvä: voiko meillä olla parempaa uimakaveria ja keskustelukumppania syysmatkalla aurinkoon kuin lapsenlapsemme.

Suloiset muistot

Tämän viikon olen ollut valmiudessa hoitamaan, leikkimään ja keskustelemaan tulevan isosiskon kanssa. Siksi ajatukseni ovat liikkuneet lasten syntymään liittyvissä monissa suloisissa muistoissa.

Ensimmäiset hyvin tietoiset ja tarkat muistot minulla on pääsiäiseltä vuonna 1958. Ajoin pyörällä aurinkoisella pihalla Munkkiniemen Tammitiellä kun isä tuli parvekkeelle ja huusi, että meille on syntynyt pikkuveli. Jatkoin pihapyöräilyä tyytyväisellä mielellä, mutta mietin perheemme uutta kokoonpanoa. Tähän asti minä ja vähän yli vuoden minua nuorempi sisko olimme lapset ja sitten oli äiti ja isä. Nyt meitä olisi isän, äidin ja lasten lisäksi pikkuveli.

Kun nuorimmainen veljeni syntyi, olin jo varhaiskypsä teinipoika. Veli syntyi jouluaattona niin kuin isänisänsä ja sai tietysti perintönä tämän nimen: Oskari. En oikein saa mieleeni mitä ja miten söimme tuona jouluna kun äiti oli poissa. Oliko hän tehnyt kaiken valmiiksi vai paistoiko isä koko joulun pihvejä? Aina kun äiti ei ollut laittamassa ruokaa, isä paistoi pihvejä. Se oli ainoa ruoka, jota hän osasi valmistaa.

Häämatkallamme Tallinnaan matkakassa hupeni kovin kevyeksi, koska olin ostanut tuoreelle langolleni hänen tilaamiaan kuubalaisia sikareita. Ymmärtämättömänä ostin valuuttabaarista koko kalliin laatikon. Kuljimme paljon kesäkuisen vihreissä puistoissa ja katselimme leikkiviä lapsia. Siihen ei tarvittu rahaa. Näin puistoissa pellavapäisiä virolaispoikia, jotka kaikki näyttivät minusta Paavoilta. Päätimme, että jos joskus saamme pojan, panemme Paavon hänen nimekseen. Asia oli ystävien tiedossa, joten esikoisen saaman ensimmäisen sähkeen teksti oli lyhyt ja hauska: "Päivää Paavo".

Tyttären syntymän jälkeisenä päivänä lähdin esikoisen kanssa kauniina elokuisena sunnuntaina Kaivopuiston konserttiin. Jossain vaiheessa lavalta kuulutettiin, että Lepakkoa on lähdetty valtaamaan. Tajusin kovin kirkkaasti siinä nurmikolla, että valtaus ei ole enää minun juttuni, sillä olen kahden lapsen isä.

Kuopuksen syntymää edeltäneen päivän vietimme retkellä aurinkoisessa Suomenlinnassa, jossa sireenit kukkivat. Lapsen syntymä oli hyvin lähellä ja ajattelin, että aurinkoisen kesäkuun lapsesta tulee aurinkoinen ihminen. Ja näin kävikin, vaikka välissä on ollut monenlaisia vaiheita.

Kun vanhin lapsenlapsistamme syntyi, sovimme että menemme katsomaan häntä Kätilöopistolle varhain iltapäivällä. Lähdin ministeriöstä kesken kokouksen. Kuiskasin vierelläni istuneelle virkatoverille syyn. Hän onnitteli ja totesi jotain olennaista: "Ja illalla käyt sitten ensi kertaa maate mummon kanssa." Mummon kanssa on eletty ja noin kolmen vuoden välein olemme menneet yhdessä katsomaan Kätilöopistolle uutta suloista sukulaista.

Mummolan herkut

Äidilläni on täysi työ saada meidät lapset ajoissa, rauhallisina ja siististi puettuina isovanhempien luokse tapaninpäivän lounaalle. Paikalla on jo isoisän yli kahdeksankymppinen vanhin sisko, terävä ja aika vitsikäs Heska-täti, joka asuu lähellä opettajien vanhainkodissa. Isovanhemmille on tullut myös toisen isosiskon Saska-tädin tytär, äidin Eva-serkku. Jaksamme keskustella, käyttäytyä ja syödä kauniisti, sillä päätteeksi saamme isoäidin herkkua suklaablamancheeta, jälkiruokavanukasta. Se on vielä parempaa kuin kaakao kermavaahdolla tai Fazerin maitosuklaa.

Muutoin isoäiti ei tarjoile herkkuja. Hänen ruokansa noudattavat isoisän mieltymyksiä ja hän valmistaa ne aina pitkän kaavan mukaan. Kun ennen kouluvuosia silakkalaatikon, sipulikeiton ja lammaskaalin syöminen sujuu meiltä hitaasti, hän vauhdittaa sitä antamalla lusikallisia Kolumbuksen laivojen mukaan: Santa Maria, Nina ja Pinta. Vähitellen opimme kuitenkin pitämään näistä suomalaisista perusruoista.

Äitini luona omat lapseni istuvat kukkakoristeisen tarjoilupöydän luona, jolle hän on kattanut pasteijoita ja pienet lasit limsaa varten. Lisäksi pakastimessa on aina varattuna vaniljajäätelöä jälkiruoaksi. Äitini ei ole koskaan pitänyt ruoanlaitosta, hän tarjoilee mieluummin teetä, kahvia tai limsaa sekä leivonnaisia ja keskustelee vieraiden kanssa.

Kun kuopuksemme on aina nälkäinen, äitini ulkoistaa ateriat. Kebab on pojanpojan herkkua ja he ryhtyvät käymään viikoittain yhdessä kebab-ravintolassa. Sosiaalinen pojanpoika rakentaa hyvät suhteet ravintolan kurdiomistajiin, joista on hienoa että kuopuksemme käy siellä säännöllisesti isoäidin kanssa. Ravintoloitsijat ja asiakkaat ystävystyvät niin, että he kutsuvat pikkupojan ja isoäidin sekä pojan vanhemmat kurdien suureen ruokajuhlaan. Siellä me neljä sitten osallistumme ainoina kantaväestöön kuuluvina kurdien ramadan päättymisen juhliin.

Lapsenlapsemme aloittavat varhain yökyläilyn meillä. Tyttären lapset ovat selvästi pullahiiriä, joten pikkuvierailuilla on syytä tarjota munkkeja. Kun he jäävät meille yöksi, mummin pitää paistaa jättiläismäinen kasa lettuja. Letut ovat ainoa oikea iltaruoka ja myös aamiaistarjoilu, mutta lisäksi lettuja pitää olla myös iskälle vietäviksi. Tyttärentytär syö letut hillon kanssa ja hänen veljensä sirottaa päälle sokeria.

Kun pojantytär tulee meille viettämään päiväunien jälkeistä pitkää iltapäivää, on kaksi välttämättömyyttä. Vaikka hän on täyttänyt vasta kaksi vuotta, hän tietää tarkkaan mistä jäätelötuutit ja Maisa-elokuvat löytyvät ja itse asiassa osaisi ottaa pakastimesta tuutin ja melkein panna Maisa-dvd:n päälle.

Olen iloinen, että lastenlasten ei tarvitse enää käyttäytyä kauniin hillitysti mummolassa ja että he saavat herkkuja useammin kuin vain tapaninpäivänä. Sillä kun on näin, isoisä voi luontevasti torkahtaa punaiseen nojatuoliin kun lapsenlapset katsovat Maisaa.

Viimeinen matsi Stadikalla

Isä-poika -suhteeseen liittyy aina kipeitä kohtia. Minulla ne koskevat ennen muuta urheilua. Isäni ei vienyt minua koskaan Eltsun ajoihin, Pallokentälle eikä Stadikalle. Hän ei suostunut myöskään siihen, että olisimme veikanneet yhdessä englantilaisia jalkapallojoukkueita. Pappisisäni toisti usein vakiotokaisuaan: "Urheilu on kansan syöpä!"

Luulen että isäni jyrkkä kanta liittyi urheilumaailman ja -johtajien tosikkomaisuuteen, ei niinkään tervehenkiseen elämään. Pääsin isäni kanssa jo varhaisista vuosista lähtien pitkille vaelluksille ja maskotiksi partioleireille. Isä pelasi säännöllisesti lentopalloa – lajia jonka seurakunnat olivat tuoneet Helsinkiin. Minäkin katselin lapsuuteni kesät Johanneksen seurakunnan kesäkodissa Kivisaaressa kun Johanneksen Poikien edustusjoukkueen miehet harjoittelivat lentopallokentällä. Ja pääsin pelailemaan samalle kentälle rippikouluvaiheessa.

Koska isä ei lähtenyt Stadikalle, minä menin katsomaan yksin sinne kuinka suursuosikkini Kaitsu Pahlman pelasi ja teki maaleja. Joskus pääsin matseihin pallopojaksi oman joukkueeni poikien kanssa. Lapsuudenystäväni Ilen innostamana liityin myös HKV:n jäseneksi ja harjoittelimme talvella Stadikan sisätiloissa. Ilestä tuli valovoimainen juoksija ja urheilija, minusta ei. Näin kuitenkin treenien yhteydessä seuramme tähtiä: Rainer Steniuksen ja Parta-Pekka Juutilaisen.

Urheilijaa minusta ei koskaan tullut. Vaikka pääsin kaikissa lajeissa luokan joukkueeseen, olin HKV:ssä ja Pallo-Pojissa täydellinen keskinkertaisuus, jos sitäkään. Minulta puuttui kaikki räjähtävyys, röyhkeys ja kilpailuhenkisyys, joita tarvitaan urheilussa. Siksi siirryin varhain keskustaan Nissenin kahviloihin juomaan kahvia, polttamaan tupakkaa ja keskustelemaan.

Vanhin poikani tuntee hyvin isäsuhteeni traumat ja nostalgisen suhteeni Stadioniin. Hän kutsui minut katsomaan kanssaan vanhan Stadikan viimeistä matsia Suomi - Pohjois-Irlanti. Meillä oli loistavat paikat: pääsin ensimmäistä kertaa katkarapukatsomoon – minkä termin opin poikani kavereilta, jotka kulkivat samaa matkaa Stadikalle, tosin pohjoiskaarteeseen.

Ennen matsia juttelin Stadikan vierastiloissa kahden ikätoverini kanssa, jotka ovat minun laillani Helsingin olympiavuoden poikia. Kaupungin Rauramo on kotoisin lapsuuteni kaupunginosasta Munkkiniemestä ja Palloliiton Alaja on puolestaan koulutoverini Norssista. Mitä pojista on tullut? He olivat samanlaisia isokokoisia äijänköriläitä kuin minä, tosin heillä oli aika lailla leveämmät hartiat kuin minulla. He varmaan aloittivat systemaattisen treenauksen silloin kun minä siirryin aloittelevaksi kulttuuriradikaaliksi kahviloihin. Heillä oli myös römeä ääni ja rempseä puhetapa, ilmeisesti urheilujohtajilla on sellainen.

Iloitsin kutsusta matsiin ja siitä että poikani ymmärsi ettei koskaan ole liian myöhäistä vapauttaa vanhaa isää lapsuuden traumasta. Hyviltä paikoilta on hienoa katsoa jalkapalloa, joskin itse ottelu oli hengetön. Pohjois-Irlanti oli jo varmistanut paikan jatkoon ja Suomi puolestaan pudonnut. Minusta oli kuitenkin mukavaa, että peli päättyi tasan ja Suomi piristyi toisella puoliajalla.

Odotan nyt jännityksellä uutta uljasta Stadionia. Ehkä voisimme mennä kolmen neljän vuoden kuluttua avajaismatsiin uudella kokoonpanolla: kolmen sukupolven isä-poika-tytär -ryhmänä.

Kansakoulu

Kuusivuotiaana en halunnut enää mennä leikkikouluun. Kotona puhuimme että osallistuisin testiin, jonka läpäisseet voivat mennä muita nuorempina kouluun. Selvisin testistä ilman vaikeuksia, mutta sitten äiti puhui vielä ystävänsä kanssa, joka oli psykologi. Hänen mukaansa ei ole eduksi lapsen kokonaiskehitykselle aloittaa koulua muita nuorempana. Sain jäädä pihalle, mikä alkuun tuntui loistavalta ratkaisulta. Pian kuitenkin huomasin, että parhaat oman talon kaverit olivat päivällä koulussa. Sain sitten toimittaa äidin kauppa-asioita Elannossa kun hän hoiti pikkuveljeä.

Menin mielelläni Nuottapolun kansakouluun kotona ja pihalla vietetyn vuoden jälkeen. Naisopettaja oli kiltti ja oppiminen mukavaa. Päivät kulkivat nopeasti ja olin kunnianhimoinen koulutöissä. Parhaiten alakoulusta jäivät mieleen juhlat, joissa pääsin esiintymään usein, koska olin innokas ja minulla oli kova ääni. Kerran sain jopa pääosan hupailussa, jossa esitin hajamielistä runonlausujaa, jolla oli tukka sekaisin, silmälasit vinossa ja paita väärin napitettuna. Pekka kuiskasi minulle runon sanat, jotka minä sitten lausuin kovalla äänellä hassulla tavalla väärin.

Olin innostunut myös virkkaamisesta ja opettaja sanoikin, että olen pojista paras virkkaaja. Opettaja ei suuttunut oikeastaan koskaan, paitsi kerran luo-

kan yhteisellä tunnilla, jolla saimme esittää päättä-
määmme hahmoa ja muut arvasivat mikä tuo hahmo
on. Ekku esitti horjuvaa juopunutta miestä ja silloin
opettaja suuttui pahemman kerran.

Toisella luokalla ihastuin luokkatoveriini, jonka nimi
oli Kukka-Maaria. Yritin tehdä häneen vaikutuksen
partioviikolla, jolloin kouluun sai tulla partiopuvussa.
Isä oli järjestänyt minut vuotta muita nuorempana
kolkkapoikiin, joten olin ehtinyt suorittaa selvästi
enemmän hihamerkkejä kuin muut pojat. Ajattelin
että ne tekisivät vaikutuksen Kukka-Maariaan, mutta
en huomannut ihailevia katseita välitunnilla. Mietin
vielä menisinkö sattumalta kävelemään tässä asussa
hänen talonsa luokse. Luovuin kuitenkin ideasta ja
kun kesä tuli, ihastus unohtui.

Siirryimme kolmannella luokalla isoon Munkki-
niemen kansakouluun, jonka viereen oli rakennettu
uusi Tarvon moottoritie. Talo vaikutti kolkolta ja kun
miesopettaja oli vanha, pelottava ja ankara, oli kaikki
alakoulun iloinen ja valoisa oppiminen tipotiessään.
Pojat ja tytöt jaettiin eri luokkiin ja minun luokalleni
tuli nelisenkymmentä poikaa. Lisäksi alueella asui
niin paljon lapsia, että jouduimme opiskelemaan sekä
aamu- että iltavuorossa.

Koska tunnelma luokassa oli painostava, pidin huo-
len siitä että osaan kaiken mitä opettaja antoi läksyksi.
Kertotaulun kuulustelut olivat erityisen piinaavia. Olin
itse opetellut kertotaulun heti niin että osasin laskut

unissakin. Valitettavasti kaikki eivät oppineet kerto-
taulua yhtä nopeasti. Pahin kohtalo oli niillä, jotka ei-
vät muistaneet kertolaskua seitsemän kertaa kahdek-
san, mitä opettaja piti kertotaulun vaikeimpana. He
joutuivat ryömimään opettajan tuolin alle katsomaan
sinne liidulla kirjoitettua lukua viisikymmentäkuusi.

Neljännellä luokalla opettaja luki meille aika ajoin
luokan poikien keskinäisen ranking-listan. Kansa-
koulunopettaja antoi jokaiselle lähtöpisteet oppi-
kouluun pyrkimistä varten ja hänen laatimansa ran-
king-lista siis määräsi lähtöpisteiden määrän. Minä en
pitänyt listan lukemisesta, sillä näin listan loppupäässä
olevien poikien ilmeet, vaikka yritin katsoa ikkunasta
ulos. Kukaan alle puolenvälin jäänyt ei koskaan puhu-
nut välitunneilla sijoituksestaan.

Pääsin keväällä Norssiin, valtion poikakouluun. Val-
tion koulujen lukukausimaksut olivat matalammat
kuin yhteiskouluissa, ja siksi isä lupasi ostaa mi-
nulle kolmivaihteisen polkupyörän heti oppikoulun
alkaessa. En kaivannut hetkeäkään Munkkiniemen
kansakoulua, mutta joskus mietin minkä näköisiksi
alakoulun luokkani tytöt olivat muuttuneet.

Luokkatoverit

Syyskuun alussa vuonna 1963 kolmekymmentä poikaa seisoo rivissä kivisen lyseon ensimmäisen kerroksen aulassa Ratakadun varrella. Aulasta alkaa pitkä marssi yläkerran juhlasaliin, jossa aloitetaan koulupäivät joka aamu virrellä ja aamuhartaudella. Vuosi vuodelta matka lyhenee, sillä luokka on aina kesän jälkeen lähempänä juhlasalia; kahdeksannella opiskelemme juhlasalin vieressä.

Jo toisesta luokasta alkaen poikia alkaa tulla ja mennä, luokalle jääviä on aina. Monet häipyvät koulusta kokonaan, sillä 1960-luvun oppikoululla ei ole peruskoulun tapaan kykyä tukea ja kannustaa oppilaita silloin kun kaikki muu paitsi koulutyö kiinnostaa. Poikakoulu on heille tyly opinahjo, ja myös varsin pienestä rikkeestä osoitetaan ovea.

Minä viihdyn koulussa, sillä se on elävä sosiaalinen näyttämö, jossa tapaan mielenkiintoisia poikia, erikoisia opettajia ja vuosittain vaihtuvia auskultantteja. Joskus oppitunneilla on puuduttavaa, mutta sen korvaavat luokka- ja koululehtien teko, kulttuuritapahtumat sekä jatkuva suunsoitto väli- ja ruokatunneilla. Oikeastaan vielä jännittävämpää on koulurakennuksen ulkopuolella, sillä sitä ympäröi rosoinen Rööperi. Vähitellen oma reviirini laajenee kattamaan koko keskustan sekä sen kahvilat ja leffateatterit.

Opin koulussa kirjoittamaan, pitämään puheita ja väittelemään. Pidän historiasta ja äidinkielestä sekä vapaaehtoisen puhekasvatuksen tunneista. Poikakoulussa kaipaamme tyttöjä, mutta heidän sijaansa voimme kuitenkin ihailla kauniita piirustuksen auskultantteja, joiden huomion kiinnittämiseksi kannattaa yrittää näyttäytyä taiteellisesti suuntautuneena nuorena miehenä.

Luokan pojat kokoontuvat kuusikymppisinä koulun ensimmäisen kerroksen luokkaan. Mukaan on kutsuttu kaikki jotka ovat olleet luokalla lyhyemmän tai pitemmän ajan; matrikkeli- ja vuosikertomustutkimukset sekä intensiivinen muistelutyö osoittavat, että luokalla on opiskellut yli viisikymmentä poikaa. Kättelen tulijat, koska olen valmisteluryhmän puolesta kirjoittanut kutsukirjeet ja pidän avauspuheenvuoron. Yksi etupulpettien pojista sanoo sukunimensä kätellessään, koska on luullut minua tilaisuudessa puhuvaksi opettajaksi. En tietysti enää ole pitkä ja laiha kiharatukka takariviltä, mutta ehkä hänellä on myös huono kasvomuisto.

Syömme koulutilaisuuden jälkeen italialaisessa ravintolassa Annankadulla. Vaikka minulla on paljon lämpimiä mielikuvia luokan pojista, huomaan että monen kanssa on aika vähän yhteisiä muistoja tai luontevaa puhuttavaa. Tilaisuuden jälkeen tajuan, että tuskin kaikkien kanssa oli puhuttavaa edes kouluaikana. Pojat ovat läheisiä muistoissa kahdeksan samassa luokkahuoneessa vietetyn vuoden vuoksi, ei välttämättä yhteisen tekemisen tai puhumisen takia.

Yksi toisensa jälkeen me pojat jäämme eläkkeelle. Yhä useammin joudumme myös vastaanottamaan suru-uutisen: joku luokkatovereista on kuollut. Ne joita elämä on kolhinut kovimmin, näyttävät lähtevän ensimmäisinä. Luokkatoverin kuolema pakottaa muistelemaan surullisena yhteisiä hetkiä ja keskusteluja, pieniäkin. Surun lisäksi mielen valtaa haikeus, sillä niin paljon on peruuttamattomasti takana.

Nyt seuraamme lastenlasten koulunkäyntiä, kuulemme heidän luokkatovereistaan ja ihailemme heidän saavutuksiaan. Tyttärentytär on piirtänyt minulle kartan siitä miten he istuvat luokassa ja kertonut miten he menevät riviin. Koulun juhliin me isovanhemmat emme mahdu, mutta ainakin minä pääsin tyttärentyttären koulun kevätnäyttelyyn katsomaan hienoja taideteoksia ja tervehtimään hänen opettajaansa.

Jälki-istunto

Keväisen koulupäivän jälkeen kokoilin tavaroitani tyhjässä luokassa ja viheltelin. Luokkatoverini Jaska tuli sisään, jolloin vaistomaisesti lopetin viheltämisen. Jaska sanoi kuitenkin: "Älä lopeta, sä vihellät niin harvoin!" Hän oli epäilemättä oikeassa. Meistä kahdesta Jaska keksi mielikuvituksellisia juttuja ja minä olin parivaljakon reipas, mutta asiallinen argumentoija. Kun Jaska kertoi keksineensä varman tavan voittaa veikkauksessa, minä latistin tunnelman latelemalla liudan keksintöä upottavia seikkoja. Silloin Jaska tuhahti minulle: "Sinä sovit selittelyinesi valtion pikku-virkamieheksi!"

Ilman ystävyyttä Jaskan kanssa minusta olisi varmasti tullut nykyistä vieläkin vakavamielisempi ja hillitympi ihminen; hän vapautti minut varhain vilkkaaseen ja rikkaaseen elämään kaupungilla ja poikakoulussa. Kun toimeliaisuudessamme jouduimme monenlaisiin tilanteisiin, minulle lankesi selitysten antajan rooli. Koulussa annoin selityksiä ja kerroin asiat parhain päin opettajille sekä meidän kaksikon että välillä koko luokan puolesta. Ja tapauksia riitti: vararehtori Kattaisen puhuttelu sopimattoman kansanlaulun esittämisestä, meriselitys kuraattori Nuotiolle von Witzlebenin ystävien (Jaska ja minä) Veikkoon kirjoittaman vallankumouspakinan johdosta, neuvotteluja rehtorin kansliassa päiväkirjan katoamiseen liittyvässä härdelissä tai selityksiä luokanvalvoja Pipiselle Teiniliiton liittokokouksesta Tampereen Sampolassa, josta hän oli lukenut Uuden Suomen kohukirjoituksen.

Uskottavan kuuloisilla selityksillä sain muutettua uhkaavat veiston ehdot viitoseksi ja yleensä myös estettyä jälki-istunnot. Opin tuntemaan jälki-istunnot vasta keskikoulun lopussa ja lukion ensimmäisenä vuotena. Kolmesta myöhästymisestä sai tunnin jälki-istuntoa. Kouluun johtavat sisäovet suljettiin, ja myöhästyneet jäivät odottamaan oven ulkopuolelle, jossa he samalla täyttivät myöhästymislapun johon kirjoitettiin nimi ja luokka sekä mahdollinen selitys. Kun kolme lappua oli koossa, pääsi lauantai-iltana istumaan jonkun opettajan johdolla hiirenhiljaiseen luokkahuoneeseen.

Tulin bussilla Simonaukiolle ensin Munkkivuoresta ja myöhemmin Munkkiniemestä. Annankatu johti suoraan koululle ja se oli muutenkin erityisen sopiva koulutie. Oikeastaan kaikkien talojen katutasossa oli pieniä liikkeitä, joiden ikkunoita saattoi katsella, jos oli liikaa aikaa. Annankatu oli myös riittävän pitkä, jos oli tarve nopeuttaa kävelyä. Olen pyrkinyt jo varhaisista vuosista pitämään kiinni parista periaatteesta. Tulen ajoissa paikalle, mutta en juokse tämän takia; seuraava raitiovaunu tulee kuitenkin.

Tupakointi aiheutti kuitenkin jonkun verran myöhästymisiä. Halusin nauttia aamusauhut rauhallisesti kävellen. Lehtori Valjakka käveli koululle myös Annankatua ja jouduin usein havaittuani tämän pitkän miehen tekemään koukkauksen Yrjönkadulle ja palaamaan Annankadulle Vanhankirkon puiston halki. En halunnut pilata päivän ensimmäisen ihanan tupakan nautintoa hölkkäämällä Bulevardilta koululle.

Näin minäkin sain mahdollisuuden osallistua jälki-istuntoihin. Ajattelen vieläkin monesti sitä syvää rauhan ja levollisuuden tunnetta, joka syntyi kun pääsin kerrankin istumaan rauhassa luokassa ja tyhjentämään mieleni kaikesta turhasta. Jälki-istunnot pidettiin lauantaisin alkuillasta, joten olin ehtinyt hyvin koulusta kotiin syömään ja sitten takaisin Ratakadulle. Muistan lämmöllä näitä hiljaisia ja keskittyneitä tunteja sekä Johanneksen kirkon kellojen kuuden lyöntejä. Jälki-istunnon jälkeen minun oli helppo lähteä virkistyneenä lauantai-illan riehakkaisiin iloihin. Onneksi kaikkea ei koulussa voinut sovittaa puhumalla.

Oven edessä odottivat nelikymppinen mies ja hänen poikansa, kun tulin ottamaan tuoretta kuvaa Norssin pihapuolen ovesta. Kerroin tekeväni sen blogiani varten, jossa käsittelen jälki-istuntoja. "Onko tässä koulussa paljon jälki-istuntoja?", kysyi huolestunut isä, joka oli menossa puhumaan rehtorin kanssa pojan siirtymisestä yläasteelle. Helpotin isää ja poikaa kertomalla, että kirjoitan jälki-istunnoista noin viisikymmentä vuotta sitten. Lisäksi arvelin, että nämä asiat hoidetaan nykyisin puhumalla opettajan kanssa ja sanoin että koulu on tietojeni mukaan oikein hyvä.

Poikien Grand Tour

Keväällä 1970 olemme ystäväni Riston kanssa varmoja: on meidän aikamme lähteä kesällä nuoruuden Suurelle Matkalle. Pariisi on itsestään selvästi ensimmäinen pääkohde. Sen vetovoima on vain kasvanut kun olemme koko 1960-luvun loppupuolen katsoneet Ranskan uuden aallon elokuvia ja seuranneet vuoden 1968 opiskelijakapinaa. Lisäksi Riston vanhempi veli on aikoinaan asunut siellä myös meille sopivassa hotellissa Montparnassen kaupunginosassa.

Matkan toinen pääkohde valikoituu enemmän sattumalta. Isäni lupaa järjestää meille majapaikan Budapestin keskustasta tutun luterilaisen varapiispan isosta kaupunkiasunnosta. Kevään mittaan teemme perushankintoja ja ostamme opiskelijalennot Kööpenhaminasta Pariisiin ja Wienistä Helsinkiin. Hankimme yhteisesti paksun Euroopan karttakirjan, koska meidän on suunniteltava huolella hyvät liftausreitit muita matkoja varten. Kevään kahvilaistunnot ovat poikkeuksellisen hauskoja, koska suunnittelemme jatkuvasti matkaa.

Teemme heinäkuun lopulle töitä vanhassa työpaikassani Gotlannin Toftagårdenissa. Risto on isännän apuna rakennustöissä, mutta minä teen työtä niin kuin ennenkin täysihoitolan keittiön tiskissä. Toftagårdenin palkanmaksumenettely on erikoinen: työkauden aikana emäntä antaa förskottia tarpeiden mukaan ja töiden päättyessä annetaan aika epämääräisen kirjanpidon mukaan loppupalkka. Aina ennen olen ollut tyytyväinen loppupalkkaan, mutta nyt se tuntuu laihalta. Mutta koskaan ennen en ole ollut lähdössä kuukauden reissulle Eurooppaan.

Matkustamme Gotlannista varhaisella aamulaivalla mannermaalle Oskarshamniin. Risto on pakannut matkavarusteet merimiessäkkiin; minulla on musta matkakassi, jonka voi pitkien hihnojen vuoksi heittää selkään. Saamme nopeasti pitkän kyydin Skåneen mieheltä, jonka kanssa joudun höpöttämään aivan liikaa. Meillä on sovittu työnjako: minä hoidan seurustelun ruotsiksi ja saksaksi, Risto puolestaan englanniksi.

Malmöstä matkustamme laivalla Kööpenhaminaan, jonne saavumme kaksi vuorokautta liian aikaisin. Nukumme ensimmäisen yön puiston puskassa ja jo aamulla on kiertolaisen olo. Menemme aamupäivällä non stop -leffaan jatkamaan unia ja iltapäivällä Tuborgin tehtaaseen tutustumiskierrokselle. Toinen yö sujuu mukavammin, koska Strogetillä tapaamamme tuttu töölöläispoika neuvoo tien keskustan SAS:n toimistotalon 7. kerrokseen. Talon käytävällä voi nukkua rauhassa, kunhan häipyy ennen siivoojien tuloa.

Pariisin Orlyn lentokentällä ystäväni Freddy on meitä vastassa. Hän saa asua piirustuksenopettajansa yksiössä kaupungissa ja on jo kotiutunut sinne. Löydämme hotellimme ja saamme huoneen 6. kerroksesta. Vessa on käytävällä eikä huoneessa ole edes lavuaaria, mutta voimme käydä peseytymässä uimahallissa. Aamuisin menemme yhteen Montparnassen suurista katukahviloista syömään aamiaisen, jonka vakioksi muuttuu ihmeellisen ihana yhdistelmä: cafe au lait ja ranskalainen hodari. Yleensä se on myös päivän ainoa lämmin ateria, sillä kyllähän me pystymme elämään nälkäisinä, jos vain punaviiniä ja patonkia riittää.

Kuljemme katuja ja Seinen rantoja, ajelemme eri puolille kaupunkia metrolla ja välillä käymme vierailulla Freddyn ja muiden Pariisiin tulleiden ystävien luona. Risto ostaa kirpputorilta armeijan ylijäämähousut, joissa on reisitaskut. Ne lähetämme postissa hänelle kotiin Mannerheimintielle. Runsaassa viikossa matkakassa on huvennut melkoisesti, vaikka olemme olleet enimmäkseen syömättä ja käyneet vain katsomassa ensi-iltaan tulleen Woodstock-elokuvan. Lähetän pikakirjeen isälleni ja toivon pientä rahalähetystä Wienin poste restanteen.

Pariisista lähdemme pitkälle liftimatkalle kohti Wieniä ja Budapestia. Pääsemme kahden tumman pitkän nuoren miehen kanssa vauhdilla liikkeelle. Pelkään ensimmäistä kertaa autossa. Nuoret miehet ajavat huimaa vauhtia ja tekevät käsittämättömiä ohituksia kolmikaistaisella tiellä, jonka kolmas kaista on tarkoitettu kummankin suunnan ohituksia varten. Välillä matkanteko kuitenkin jumiutuu pahan kerran. Löydämme majapaikkoja Jugendherbergeistä ja vastaavista, mutta joskus joudumme nukkumaan vuorotellen olutravintolan pimeässä nurkassa pää pöydällä. Kohtaamme usein reittimme varrella matkalaukun kanssa liftaavan argentiinalaisen, joka haluaisi kolmanneksi kimppaamme. Torjumme ehdotuksen, koska kolmen pojan on käytännössä mahdotonta saada kyytiä.

Väsyneinä, märkinä ja aika rahattomina saavumme Wieniin. Poste restantessa ei ole rahalähetystä, mutta tieto että sellainen on tulossa Budapestiin. Unkarissa emme liftaa vaan matkustamme Budapestiin junalla. Siellä loppuu nälkä, koska meitä odottaa rahalähetys ja kaupungin kuppiloiden halvat hinnat. Nyt voimme syödä kaksi tai jopa kolme lämmintä ateriaa päivässä.

Varapiispa ottaa meidät ystävällisesti vastaan; hän tosin nauraa kovasti Riston hyvin pitkälle tukalle. Hän lähtee itse kesänviettoon mökille Balaton-järvelle, mutta hänen opiskelevat poikansa jäävät kaupunkiin. Päivät kiertelemme kaupunkia ja kaikki illat keskustelemme poikien kanssa asunnolla. Polttelemme unkarilaisia Symphony-tupakoita, juomme kevyesti ja kuuntelemme maan suosituimman rock-yhtyeen Omegan levyjä. Elämä Budapestissa on leppoisaa ja iltakeskustelut mielenkiintoisia.

Paluumatka Wieniin muuttuu seikkailumatkailuksi. Junassa lyöttäydymme yhteen suomalaisen pojan kanssa. Tarkoituksemme on vaihtaa junaa rajalla, mutta jäämmekin pienen rajapaikkakunnan juhliin. Juomme runsaasti viiniä ja saamme loistavan idean matkustaa Itävallan puolella junassa maksamatta. Minä lymyän öisen matkan junan vessassa ja Risto vielä vaarallisemmin. Aamuyön nukumme Wienissä katusyvennyksessä. Mutta kotiin Helsinkiin pääsemme onnellisesti.

Yhteinen kuukausi kahdessa suurkaupungissa ja Euroopan teillä tuo minun ja Riston ystävyyteen sellaista läheisyyttä ja lämpöä, joka pysyy kaikki vuosikymmenet. Syksyllä 2014 matkustan vaimon kanssa ranskalaisten ystäviemme luokse Champagnen maakuntaan. Kotimatkalla jäämme vajaaksi viikoksi Pariisiin. Haluan tehdä retken Montparnasseen. Kahvilat ovat paikallaan, mutta hotelli on purettu ja sen paikalle on rakennettu uusi talo. Vastapäisessä talossa näyttää olevan hyvä ravintola ja menemme sinne syömään lounaan pitkän kaavan mukaan. Minä juon lounaalla enemmän punaviiniä kuin turistimatkoille on tarpeen ja lähetän kännykällä tervehdyksen Ristolle.

Nuoruuden loppu

Nurmikkoretki Visbyssä kesäkuussa 1972. Kuva: Kaarina Melakoski.

Tämä on kaunein niistä valokuvista, jotka minulla on nuoruuteni saarelta Gotlannista. Se on myös kuva ystävyydestä ja nuoruuden loppumisesta. Valokuvan kopiossa on sormenjälkiä ja nuppineulan reikiä, mikä kertoo että olen pitänyt siitä jo vuosikymmeniä.

Kuljemme kuvassa tiskaajatoverini Cain kanssa Visbyn kehämuurin pohjoislaidalla olevalla suurella nurmikolla kohti vakiopaikkaamme puiden alla. On kesäkuu 1972, päivä on viileä, Cailla on vihreä nahkapusakka ja minulla harmaa villatakki. Cain oikean käden asennosta tiedän, että hän polttaa piippua. Minulla on vasemmassa kädessä päivän lehti ja oikeassa kädessä Tempon paperikassi, jossa on punaviiniä ja eväitä.

Tämä on seitsemäs kesäni Gotlannissa. Niistä neljä olen tiskannut Toftagårdenissa Cain parina. Cai ei ole enää voinut tulla kesäksi Gotlantiin, sillä hän on mennyt edellisenä vuonna naimisiin. Nyt hän on puolisonsa kanssa vieraana luonani Visbyssä, jonne olen tullut kesän ajaksi oppaaksi. Olen vielä poikamies, eikä minulla ole edes tyttöystävää. Cain vaimo tosin sanoo minulle lohdullisesti ja sympaattisesti nurmikkoretkellä, että kyllä minunlaiselle mukavalle kiharatukalle pian tyttö löytyy.

Kun kuva otetaan, en vielä tiedä, että olemme aloittamassa viimeistä pitkää yhteistä nurmikkoretkeä Visbyssä. Onnelliset kesät Gotlannin vapauden valtakunnassa ovat niin tuoreena takana, että tuntuu mahdottomalta ajatella elämää ilman saaren luontoa ja Visbyn kaupunkia. Olemme asuneet alkeellisessa mökissä metsässä, kulkeneet niittyjen yli meren rantaan ja puhuneet keskenämme aamusta iltaan.

Yhteistyömme tiskaajaparina oli hioutunut niin täydelliseksi, että saatoimme suurten päivällistiskien aikaan tehdä samanaikaisesti ahkerasti työtä ja käydä syvähenkistä keskustelua. Huolia ei ollut työssä eikä vapaa-aikana, mikä teki mahdolliseksi iloisen ja hulluttelevan elämäntavan. Lisäksi tiskaajan vaativasta työstä maksettiin Ruotsissa sen verran hyvin kruunuja, että Visbyn olviretkillä ei ollut koskaan pulaa maksapasteijavoileivistä ja Heineken-oluesta. Ja liftaamalla pääsi sujuvasti kotiin Toftagårdeniin mihin tahansa vuorokauden aikaan.

Nuoruuden kesien iloisessa ilmapiirissä oli helppoa kehittää oivallisia tulevaisuudensuunnitelmia. Vuokrasimme mökkiimme kirjoituskoneen valmistautuaksemme gotlantilaisen kesäyön täydelliseen kuvaukseen ja kirjailijauraan. Myös varasuunnitelma oli mitä mainioin: ostamme yhdessä Hästgatanin tupakkakaupan ja elätämme itsemme sillä siihen asti kunnes siirrymme Visbyn vanhainkotiin, josta näkee merelle.

Kesäkuussa 1972 on mahdotonta ajatella, että tulemme yhdessä vierailulle Gotlantiin vasta neljänkymmenen vuoden kuluttua. Ja kun tulemme, olemme kuusikymppisiä isoisiä. Visbyn korkeuserot ovat hankalia, koska meillä molemmilla on huonot jalat. Asumme maalla entisen työtoverimme Matsin talossa.

Toisena päivänä lähdemme kaksistaan Cain kanssa ajelemaan Matsin virka-autolla, joksi hän kutsuu pientä pakettiautoaan, jonka on hankkinut eläkevuosiksi mehiläisten hoitoa varten. Mats ei ole enää aikuisopetuksen rehtori vaan täysipäiväinen hunajantuottaja. Käymme virka-autolla katsomassa Cain intohimon kohdetta: museojunarataa.

Mats joutuu olemaan viimeisen iltamme poissa. Ostamme Visbystä iltaa varten kaksi pulloa valkoviiniä, sillä punaviini ei sovi enää Caille. Nautimme raikasta valkoviiniä talon puutarhassa. Kun tulee pimeä, menemme taloon katsomaan televisiota. Cai tutkii netistä Visbyn takseja, mutta minä pilkin niin tehokkaasti nojatuolilla katsoessani ajankohtaisraporttia, että päätämme jättää piipahduksen Munkkällareen seuraavaan kertaan.

Amerikkalainen unelma

Ystävälläni ja pitkäaikaisella tiskaajatoverillani Cailla oli nuoruudessaan ylivertaisen tyylikäs, tummanpunainen ja samettikankainen takki, jonka hän oli saanut isältään käyttöön. Takkiin oli kirjailtu nimi Larry, sillä tällä nimellä Lassi-isää oli kutsuttu kun hän opiskeli 1940-luvun lopussa Phillips Universityssä USA:ssa. Siis aito college-takki Suomessa, jossa oli saatavilla lähinnä Mattisen tehtailla valmistettuja jenkkituotteita.

Toivoin itse että saisin jostain samanlaisen vaaleanruskean takin kuin Bob Dylanilla oli The Freewheelin' lp:n kannessa. Amerikkalainen unelmani meni kuitenkin vielä tätä pitemmälle. Haaveilin että pääsisin New Yorkiin ja kulkisin pitkätukkainen tyttöystävä kainalossa johonkin klubiin kuuntelemaan Peter, Paul ja Maryä sekä Joanna Baezia. Haaveet olivat haaveita, ja oikeasti tiesin, että tähän ei ollut mitään mahdollisuuksia. En saisi mistään rahaa tällaista matkaa varten ja lisäksi luin pitkää saksaa, joten Cai joutui usein kääntämään minulle Dylanin tekstejä.

Takkihaave ratkesi kun opiskeluvuosina olin kahden viikon työkeikalla Ruotsissa. En saanut tietenkään mitään aitoa jenkkirotsia, mutta kuitenkin hyvän ruotsalaisen feikin. Se oli urheilullinen ja vetoketjullinen pusakka, jossa oli toppavuori sekä resorit hihansuissa ja käänteissä. Takki oli mainio ulkoiluasu lasten kanssa keväisin ja syksyisin.

Viikko sitten löysin suutarireissulla Itiksessä melkein samanlaisen vaaleanruskean pusakan hyvin kohtuulliseen hintaan. Takin koossa oli riittävästi x-kirjaimia ja laadun takeena oli merkki: Original James since 1959. Kun panin takin päälle, tunsin sen energisoivan vaikutuksen. On varmaa että panen tämän takin päälle kun lauantaina lähden kannustamaan tyttärenpoikaa jalkapalloturnauksessa.

New Yorkiin olen päässyt yhden kerran, runsaat viisi vuotta sitten. Sikäläistä tyttöystävää en enää tarvinnut, sillä vaimoni oli ollut kainalossani jo yli kolmekymmentä vuotta. Hänen ja ystäviemme kanssa kiersimme taidemuseoita, jazzklubeja ja ravintoloita. Kuljimme puistoissa ja kaduilla sekä ajoimme keltaisilla takseilla ja metrolla. Viihdyimme kaupungin rennossa ja vilkkaassa mutta toimivassa ilmapiirissä.

Tuon matkan aikoihin luin mieltäni kuohuttaneen puheenvuoron, jonka Teiniliiton aikainen nuorempi tuttavani Ben Zyskowicz oli pitänyt eduskunnan suuressa salissa. Hänen mukaansa vasemmiston nuoret kansanedustajat ovat äidinmaidossaan imeneet Amerikan vastaisuuden. Voi hyvät hyssykät! Minä olen aina pitänyt Beniä taitavana, osaavana ja hyvämuistisena poliitikkona, mutta hänelläkin taitaa olla mustia kohtia muistissa. Kun on koko elämänsä kiinnostuneena ja innostuneena kuunnellut, lukenut ja katsellut suuren Amerikan levyjä, kirjoja ja elokuvia sekä ihaillut monia amerikkalaisia, tuntuu tällainen arvio kasvatusperiaatteista hyvin vieraalta ja oudolta.

En ainakaan itse muista kulkeneeni lasten kanssa paksussa ja mustassa neuvostopalttoossa, kuunnelleeni balalaikkamusiikkia hipoissa ja haaveilleeni kesätyöstä kolhoosissa sekä kertoneeni lapsille miten Neuvostoliitto pian ohittaa kaikilla aloilla USA:n. Luin kyllä lapsille Uspenskin Fedja-setää, mutta ilman sen lukemista jokaisen lapsen elämä jää vajaaksi. Ja lisäksi se on ollut oiva lisä Aku Ankan ja Tammen kultaisten kirjojen täyttämään lastenhuoneeseen.

Sturmanskie Gagarin

Polttarini järjestetään alkukesästä 1975 Vanhan Kellarin kabinetissa. Oikeustieteen ylioppilas H. toivottaa onnea pitkälle avioliittomatkalle ja päättää puheensa Juri Gagarinin sanoihin, jotka tämä lausui avaruusraketin lähtiessä maan kamaralta: Pojehali! Miksi ystäväni ja ilmaisujen mestari H. lainaa juuri Gagarinia? Totta kai Gagarin on korkealla neuvostoikonostaasissa, mutta yhtä lailla Juri on meidän kaikkien 1950-luvun alun poikien ikuinen myyttinen sankari.

Avaruus ja sen valloitus täyttää mieleni kansakouluvuosina. Avaruudessa lentää ensin miehittämätön Sputnik, sitten Laika-koira ja lopulta ensimmäinen ihminen Juri Gagarin 12.4.1961. Näen sirkuksen Sputnikin ja Laika-koiran Moskovan suuren sirkuksen esityksessä Messuhallissa vuonna 1960, ja tämä tekee suuren ja innostavan vaikutuksen. Olen varma, että minun elämäni liittyy tiiviisti avaruuslaitteisiin ja että omana elinaikanani moni lentää avaruuteen, ehkä minäkin.

Jo ennen kansakoulun alkamista annan lausunnon Nuori Kirkko -lehdelle tulevaisuudensuunnitelmistani. Minusta ei tulekaan pappia tai pelastusupseeria vaan avaruuslaitteiden ihmemies. Myöhemmin joudun lieviin ristiriitoihin kosmonautti Gagarinin kanssa, sillä hän on sanonut, ettei Jumalaa ole olemassa, koska ei nähnyt tätä avaruudessa. Puhun asiasta pappisisäni kanssa radion iltahartaudessa ja pikkupojan uskon-varmuudella torjun kosmonautin argumentin. Tämä ei kuitenkaan vähennä ihailuani miestä kohtaan, joka on ensimmäisenä lentänyt avaruudessa.

Oppikouluvuosina avaruusinnostus hiipuu, sillä eteen tulee niin paljon muuta kiinnostavaa. Monet luokka-toverit seuraavat tarkasti Yhdysvaltojen astronautteja ja heidän lentojaan, mutta minuun ne eivät enää tee suurta vaikutusta. Edes kävely kuussa ei saa aikaan samanlaista värinää kuin Sputnik Messuhallissa.

Keski-iässä huomaan, että poikavuosien itsestään selvä ajatus avaruusajan lopullisesta alkamisesta ei ole to-teutunut, vaikka kehitys on kehittynyt muutoin pitkin askelin. Kaikki puhuvat mobiililaitteista, digitaalisesta maailmasta ja somesta, eikä juuri kukaan suunnittele avaruusmatkoja.

Näen tänä syksynä lomalennolla Finnairin kuvastossa Sturmanskien retrokellon, joka on valmistettu jälji-tellen muotoilultaan Gagarinin avaruuslentoa varten suunniteltua erikoisvalmisteista kelloa. Kellon mal-linimi on luonnollisesti Gagarin. Minun on tilattava välttämättä sellainen, lapsen on saatava lelunsa.

Vaimo sanoo, että kun palaan yöllä vessasta pimeään makuuhuoneeseen, minusta näkyvät vain uuden kel-lon fosforiset viisarit. Olen vihdoinkin päässyt teke-misiin avaruuslaitteiden kanssa ja minusta on selvästi tullut oman elämäni Gagarin.

Elämäni kahviloissa

Paras osa nuoruuttani meni elokuvissa ja kahviloissa. Kun 1960-luku tuli puoliväliin ja minä koin olevani täysi nuori, muodostui Roobertin hallin yläpuolella sijainneesta Nissenin kahvilasta ruoka-, hyppy- ja lintsaustuntien kotipesä. Siellä opin suunsoittoa ikätovereiden ja vanhempien koulutovereiden kanssa. Iso-Roban Nissenin herkku oli riisiomenapuuro, vaikka yleensä aika kului siellä tupakoiden ja nauttien hyvin pitkään pientä kahvia.

Kun lähdimme Rööperistä luokkatoverini Jaskan kanssa seikkailemaan kaupungille, oli taideopiskelijoiden ja taiteilijoiden täyttämä Putki-Nissen sisääntulokahvilamme. Kestikartanon talo, jossa kahvila sijaitsi, purettiin pian ja meidän oli lähdettävä muualle. Olohuoneeksi muodostui Akvaario-Nissen Aleksilla, vaikka kävimme toki muissakin kahviloissa.

Akvaario-Nissen oli niin itsestään selvä kantapaikka, että sisareni osasi tuoda sinne luokseni yllättäen Helsinkiin saapuneen ruotsalaisen ystäväni, joka ei ollut saanut yhteyttä minuun. Akvaario-Nissenillä meni ensin iltapäivä koulun jälkeen ja sitten ilta kotona syödyn päivällisen jälkeen. Tupakkaa ja kahvia kului keskustellessa ja tutustuessa mielenkiintoisiin ihmisiin, joita tuntui olevan hyvin runsaasti kuusikymmentäluvulla.

Työvuosina otin tavakseni juoda aamukahvin vasta viraston henkilöstöruokalassa. Kahvi oli ikään kuin palkinto siitä, että jaksoin jokaisena arkiaamuna tulla virastoon suorittamaan hallintotoimia. Kävelin monet vuodet ministeriössä nautitun lounaan jälkeen Senaatintorin yli Kiseleffin basaariin, jonka toisen kerroksen kahvilassa join kahvin. Tapa päättyi siihen, että minusta tuli päällikkö ja aikataulut alkoivat olla liian kireitä kahvilakävelyä varten.

Jäätyäni eläkkeelle mietin mahdollisuutta valita jokin kahvila itselleni vakiotyötilaksi. Pian kuitenkin tajusin ajatuksen naurettavuuden. Mitä järkeä vanhemman herrasmiehen on ryhtyä leikkimään wanna be -kirjailijaa Mac-läppäreineen, jos hän on jo kolmekymmentä vuotta kirjoittanut päässä pieniä kertomuksia, jotka on sitten naputtanut hetkessä paperille kotona.

Huomasin eläkkeellä varsin pian, että minuun on kasvanut kiinni piintyneitä tapoja. Joogan jälkeen nautin aina muna-anjovisleivän ja kahvin (mustana) maahanmuuttajarouvien kahvilassa Bulevardilla. Hakaniemen torikahvilassa syön syntisen Eromangan lihapiirakan ja juon kahvin (maidolla). Yrjönkadun uimahallin jälkeen tilaan Stockan Robertsin kahvilassa croissantin ja kahvin (maidolla). Nautimme lauantaisin vaimon kanssa vaihtelevissa kahviloissa välipalana terveellisen sämpylän ja kahvin (maidolla tai mustana). Erikoiskahveja juon vain kotona; eläkeläisen tulee olla säästäväinen.

Minulla ei ole sinänsä valittamista Helsingin kahviloista, sillä ne täyttävät tarpeeni. Nykyään kahviloissa tosin tapaa harvoin tuttuja toisin kuin ennen. Kaipaan silti nuoruuden suuren matkan pitkiä aamuistuntoja maitokahvin äärellä kahvilan terassilla Montparnassessa ja työvuosien pieniä ja nopeita kahveja sinkkitiskillä Passyssa sekä raikkaita olutlasillisia Pariisin lomamatkoilla. Ruotsalaisiin konditorioihin liittyy myös monia suloisia muistoja. Tiskaajan vapaapäivänä Visbyssä tuntui ylimaalliselta kun kahvilan tarjoilija tuli valintaa varten pöydän luokse tarjotin täynnä leivoksia ja muita leivonnaisia. Ne olivat jotain aivan muuta kuin Maanviljelijöiden maitokeskuksen maitokaupan perunaleivokset.

Suomen Kansan Demokraattinen Liitto

Vappu oli papinpojalle mukava juhlapäivä, sillä vappuna ei pidetty jumalanpalvelusta eikä kukaan mennyt naimisiin eikä ketään kastettu tai siunattu. Saatoimme siis lähteä yhdessä isän kanssa kaupungin humuun ja isä halusi aina mennä katsomaan "kun kommarit marssii". Aurinkoisina vappupäivinä kulkue tuntui erityisen juhlavalta ja värikkäältä. Näin kerran kun työläisurheilijat pelasivat lentopalloa marssiessaan, mikä teki suuren vaikutuksen.

Elokuussa 1962 olin isän kanssa kaupungilla ja tapasimme Mannalan baarissa hänen ystävänsä pastori Saarisen. He puhuivat kaupungissa järjestettävästä kommunistien nuorisofestivaalista, jonka tilaisuuksissa heidän entinen seurakuntanuorensa Pentti Saarikoski kuului pyörivän ahkerasti. Sain ehdottoman kiellon lähteä yksin kaupungille festivaalien aikana, koska siellä oli niin paljon hulinoita.

Keskikoulun ylemmillä luokilla yhteiskunnallinen kiinnostukseni kasvoi ja ajassa oli paljon sellaista, joka alkoi viedä minua kulttuurikysymysten kautta kohti poliittista vasemmistoa. Vietnamin sota, kolmannen maailman kysymykset sekä USA:n opiskelija- ja kansalaisoikeusliike vauhdittivat minua musiikin ja kirjallisuuden lisäksi yhteiskunnalliseen tietoisuuteen. Viimeistään kesällä 1968 pidin itseäni vasemmistolaisena. Tsekkoslovakian ihmiskasvoinen sosialismi ja Prahan kevät kiinnostivat ja innostivat minua. Palattuani kesätöistä Gotlannista elokuussa ehdin miehityksen vastaisiin mielenosoituksiin Neuvostoliiton lähetystölle ja hakeuduin ryhmään, jossa huudettiin: "Sosialismi kyllä, panssarit ei!".

Mitenkään itsestään selviä valintani eivät tietenkään olleet, toisinkin olisi voinut valita. Luokkatoverini Jaska imeytyi underground-liikkeeseen, osa luokkatovereista pitäytyi kodin oikeistolaisessa maailmankuvassa ja ehkä sittenkin useimmat koulutoverit olivat aika välinpitämättömiä politiikasta.

Perustimme kahden vasemmistolaisesti suuntautuneen koulutoverini kanssa syksyllä 1968 luku- ja keskustelupiirin tietoisuutemme vahvistamiseksi. Tällä porukalla ajoimme raitiovaunulla seuraavana keväänä hyppytunnin aikana Hakaniemeen tiedustellaksemme liittymisestä sosialidemokraattiseen puolueeseen. Puoluetoimistolla meidät otti vastaan isokokoinen tutkimussihteeri Paavo Lipponen, joka arveli että voisimme hakeutua ASY:n jäseniksi, vaikka emme vielä olleet opiskelijoita. Me kaksi papinpoikaa ja kansakoulunopettajan poika näytimme varmaan niin epäproletaarisilta, että nuorisoliitto ei hänellä ilmeisesti tullut edes mieleen. Lipponen sanoi, että meille soitettaisiin ASY:stä.

Kesä tuli väliin ja minä lähdin Saksaan töihin. Luin sairaalan asuntolassa kolme marxilaista teosta ja Freudin Unien tulkinnan sekä keskustelin sikäläisten siviilipalvelumiesten kanssa, jotka olivat työtovereita ja asuinkumppaneita. Syksyllä siirryin yksityisoppilaaksi ja aloin lipua demareiden ohi vasemmalta. Vain yksi meistä kolmesta sai soiton ja hänestä tulikin demari. Vaikka olimme yhteydessä, minä jatkoin vielä oman paikkani etsimistä vapaana vasemmistolaisena. Olin ilmeisesti uusvasemmistolainen, vaikka en ole enää varma mitä tällä käsitteellä silloin täsmällisesti ottaen tarkoitettiin. Olisin saattanut liittyä johonkin SKDL:n jäsenjärjestöön, mutta Helsingissä ei ollut tarjolla minulle luontevaa perusjärjestöä.

Vasta ylioppilaskesänä menin tamperelaisen ystäväni kanssa Kulttuuritalolle, jossa sijaitsi silloin Sosialistisen opiskelijaliiton toimisto. Ystäväni tunsi SOL:n sihteerin ja jätin valmiiksi jäsenanomuksen, koska olin aloittamassa opinnot syksyllä Helsingin yliopistossa. Teiniliiton hyvä järjestökoulutus oli antanut minulle monia erinomaisia valmiuksia myös poliittiseen järjestötoimintaan. Ensimmäisen lukuvuoden aikana olin käynnistämässä ASS:n kielten osaston toimintaa ja viimeisenä hyvänä työnä lapsuuteni ja nuoruuteni kaupunginosille Munkkivuorelle ja Munkkiniemelle perustin sinne toverini kanssa Suomen Demokraattisen Nuorisoliiton paikallisosaston. Olin näin liittynyt kahteen Suomen Kansan Demokraattisen Liiton jäsenjärjestöön.

Kekkoseen voi luottaa

Sairaanhoitajaäitini huolehti minun ja sisarusteni terveydestä esimerkillisellä tavalla. Hän tiesi aina sopivat ja taitavat lääkärit. Hammaslääkärissä kävimme Pekkarisen tädin luona Kruununhaassa. Hän oli iloinen ja reipas ikipartiolainen, joka jutteli mukavia lapsille. Siksi emme oppineet koskaan pelkäämään hammaslääkäriä. Opiskeluaikana vaihdoin Ylioppilaiden terveydenhoitosäätiön hammasklinikalle, joka piti moderneilla laitteillaan hammaskalustoni hyvässä kunnossa.

Menin armeijaan vasta opintojen jälkeen. Minulla oli siinä vaiheessa jo perhe, vaimo ja puolitoistavuotias poika. Pääsin onneksi kodin lähelle Santahaminaan ja sijoituin siellä varusmiestoimikunnan työ- ja opintoasiamieheksi, siis siisteihin sisätöihin.

Metsäkeikoille kuitenkin jouduin, sillä pitihän minun sisätöistä huolimatta oppia taistelevaksi jääkäriksi. Varhaisena aamuna hyökkäsimme Sipoon metsässä kohti vihollista. Hyppäsin rynnäkkökivääri kädessä pienen puron yli, mutta saappaani osui puunoksaan, horjahdin ja rynkyn tähtäin napsautti etuhampaani poikki. Sain kuljetuksen varuskunnan hammaslääkärille, jossa annettiin tarvittava ensiapu veriseen suuhuni.

Korvausanomus uusien hampaiden saamiseksi pantiin heti vireille, mutta päätöksen tulo kesti. Kuljin siksi

pitkään etuhampaattomana armeijajermuna kasar-
milla, kaupungilla kuitenkin välttelin tuttuja. Puut-
tuvat hampaani herättivät huolta myös pataljoonan
johdossa. Pataljoonan komentaja pysäytti minut so-
tilaskodin vieressä ja sanoi: «Jääkäri Arhinmäki, pu-
huitte hyvin uusien alokkaiden saapumistilaisuudessa
ja vastasitte erinomaisesti kenraalille sotaharjoituksen
tarkoituksesta, mutta on noloa että hampaanne ovat
tuollaiset. Eikö päätöstä ole tullut, minun pitää kiireh-
tiä asiaa.» Itse en ollut huolissani, sillä koska Kekkonen
toimi ylipäällikkönä, olin varma että pojista pidetään
hyvää huolta.

Lopulta sain komentajan hoputuksen seurauksena
kaksi korvauspäätöstä, vaikka tarvitsin vain yhdet
hampaat. Päätöksestä ymmärsin, että isänmaa huolehtii
etuhampaistani myös myöhemmän elämäni ajan. Ar-
meija-ajasta minulle jäivät muistoksi Kekkosen kustan-
tamat etuhampaat ja komentajan varusmieseräni jäähy-
väistilaisuudessa luovuttama pataljoonan historiikki.

Myöhemmin tulin näkemään, että Kekkoseen voi
luottaa. Kun kruunut ovat kahdesti neljänkymmenen
vuoden aikana laskeutuneet liikaa, on Kekkonen kus-
tantanut molemmilla kerroilla uudet etuhampaat. Kun
tiedustelin ensimmäisellä kerralla varmuudeksi kor-
vaamisesta Valtion tapaturmaviraston sotilasosastolta,
kysyi virkahenkilö juhlavasti puhelun alussa olenko
sotaveteraani. Ehkä en ole sitä sanan varsinaisessa
merkityksessä, mutta omat etuhampaani olen anta-
nut isänmaalle.

Joskus viidenkymmenen ikävuoden jälkeen alkoivat muut hammasmurheet. Oli tehtävä ienleikkauksia ja lisäksi olen joutunut hankkimaan kruunuja, koska muutamat hampaat ovat olleet liian moneen kertaan paikattuja. Eläkevuosien jo alettua jouduttiin kaiken huipuksi vielä kiinnittämään yksi implantti. Kaikki tämä on kallista lystiä.

Kuulumme molemmat vaimoni kanssa siihen joukkoon, joka ei enää saanut rippilahjaksi tekohampaita. Sen takia eläkevuodet näyttävät menevän järjestellessä rahaa hammasoperaatioihin. Äitini piti oman sukupolvensa tapaan huolta siitä, että hänellä oli säästössä hautajaisrahat. Pienenä neuvona eläkkeelle siirtyville ehdotan, että he vielä työvuosina säästävät itselleen hammasrahat. Ne ovat tarpeellisempia kuin hautajaisrahat.

Tupakointi oli ihanaa

Ryhdyin polttamaan tupakkaa varhain ja aloitin tietysti miedoilla Kent-savukkeilla. Opin hyvin pian huomaamaan, että poikakoulussa parhaat jutut kuulee tupakkaringissä koulun lähistöllä tai Nissenillä kahvia juodessa ja tupakkaa polttaessa. Varsin pian luovuin miedoista savukkeista, sillä poikaporukoissa oli tapana sanoa: "Osta Kentti, paskaa joka sentti".

Oikeastaan halusin ryhtyä piippumieheksi, mikä olisi mielestäni ollut kovin tyylikästä. Olen auttamaton välineurheilija ja hankin pelkästään harjoitteluvaihetta varten kaksi hyvää Petersonin piippua, yhden käyrän ja yhden suoran. Polttelin usein piippua Jaskan ja hänen isoveljiensä kerhohuoneessa heidän talonsa kellarissa Roballa. Hyvistä välineistä ja yrityksistä huolimatta savuke sopi käteeni piippua paremmin. Ehkä olin liian epäkäytännöllinen piipun rassailuun tai liian innostuva ja levoton piipunpolttajaksi. Vain kalliiden savukkeiden Ruotsissa poltin joskus kesäisin maissipiippua.

Kumpikaan vanhemmistani ei polttanut, mutta liberaalissa kodissani tupakointi ei ollut suuri ongelma eikä ristiriitojen aiheuttaja. Kansakoulun raittiuskasvatuksessa olin oppinut, että tupakointi johtaa alkoholijuomien käyttöön, kapakassa istumiseen ja levottomaan elämään, mutta oikeastaan juuri tämä kaikki oli mielestäni tavoiteltavaa. Terveysnäkökulmat eivät vielä 1960-luvun puolivälissä olleet kovin keskeisiä, ja kun vielä sain koulussa huippuarvot puhalluskokeessa, jäivät voimistelunopettajan puheet tupakoivien poikien huonoista keuhkoista omaan arvoonsa.

Olin aina ottanut tyylilliset ihanteeni ranskalaisista elokuvista ja siksi minun olisi oikeastaan pitänyt siirtyä Gaulois-savukkeisiin. Rehellisesti sanoen ne olivat siinä vaiheessa liian vahvoja ja toisaalta niitä sai vain hyvistä tupakkakaupoista. Kun kuitenkin kehittyvän vasemmistointellektuellin tyyli vaati filtterittömiä savukkeita, ryhdyin polttamaan vihreää Norttia.

Koko nuoruus oli täynnä ihania hetkiä tupakka kädessä: syvähenkisiä keskusteluja kahviloissa, iloista viinin juontia kotihipoissa, rentoa suun soittoa katujen kulmissa ja työmatkoja varhaisina kesäaamuina. Tupakka oli ystävistä varmin ja luotettavin. Kun aina ja kaikkialla poltettiin – kotona, työpaikalla ja kapakassa – en koskaan kärsinyt tupakalle haisevista huoneista ja vaatteista.

Ensimmäisen kerran jouduin tekemään muutoksen tupakointiini työvuosieni alkuvaiheessa, mutta silloinkin sosiaalisista syistä. Palvelin kunnallisessa järjestössä, joka muutti uuteen Kaupunkien taloon. Talon ravintolassa samassa pöydässä istunut Kaupunkiliiton toimistusjohtajan sihteeri sanoi minulle kauhistuneena: "Minä kun luulin että vain satamajätkät polttavat vihreää Norttia!" Tästä pienestä vihjeestä ei ollut vaikeaa ymmärtää, että vihreän Nortin polttaminen on stigmatisoivaa siisteissä sisätöissä. Vaihdoin siksi Cameliin, joka sekään ei ole varsinainen kevytsavuke, ja jatkoin polttamista vielä kahdenkymmenenviiden vuoden ajan.

Camelin kanssa koin monia suurenmoisia hetkiä. On vaikeaa unohtaa tupakkahetkiä hyvän aterian jälkeen, taukoja ja pientä kiusoittelevaa puhetta ministeriön tupakkapihalla, lasillista ja tupakkaa sinkkitiskin äärellä raskaan kokouksen jälkeen Pariisissa tai hiljaisia kesäaamuja mökin portailla, tuoretta Hesaria, kahvikuppia ja päivän ensimmäistä savuketta.

Pitkäaikainen painostus tuotti lopulta tulosta ja lopetin rakkaan harrastukseni – terveyteni hyväksi. Sen jälkeen minusta on tullut aikamoinen pullero ja nykykatsannossa olen sen perusteella huonosti itsestäni huolta pitävä mies. Nyt lääkäri painostaa minua puolestaan laihduttamaan – terveyteni vuoksi.

Tweedtakki

Ylioppilaspuku on määrännyt myöhemmän pukeutumiseni. Onnistuin löytämään tyylikkään vaaleanruskean ja kalanruotokuvioisen tweedkankaisen puvun hyvissä ajoin. Esittelin valintani äidille, joka piti sitä hyvänä ja toimi hankinnan maksajana. Kokonaisuuteen kuuluivat housujen ja takin lisäksi vielä tweedliivit.

Heti kun kirjoitusten jälkeiset tentit olivat ohi, lähdin töihin Uppsalaan. Siellä uurastin taimitarhassa aivan lakkiaisiin asti. Palasin takaisin Helsinkiin lentokoneella vasta päivää ennen juhlia, joten en "ehtinyt" ostaa ylioppilaslakkia. Tein käytännöllisen ratkaisun ja lainasin koulutoverini H:n lakkia, sillä hän oli tunnettuna neropattina lukenut seitsemännen luokan kesän aikana ja oli kirjoittanut vuotta meitä muita aikaisemmin. Symbolit eivät pelkistyneisyyden vuosina olleet tärkeitä.

Vaatteita ei ollut joka lähtöön 1970-luvulla. Niinpä tweedpukuni oli kovassa käytössä säästä riippumatta, minkä takia se alkoi kulua. Ensimmäisenä kuluivat rikki housut, sitten takin hihoihin kyynärpäiden kohdalle ommeltiin nahkapaikat ja pisimpään kestivät liivit.

Sain toisen tweedtakin vielä opiskeluaikani. Vaimoni oli virassa oleva sairaanhoitaja, ja saatoimme avata hänen nimiinsä Pukevan Kappa-Keskuksen osamaksutilin. Sinne oli tullut myyntiin aidosta Harris Tweedistä valmistettuja pikkutakkeja. Esitutkimuksissa myyjä oli kehunut niiden korkeaa laatua ja kestävyyttä sanomalla, että Harris Tweedistä valmistetut takit kestävät läpi elämän. Kun menimme sinisen vastakirjan kanssa tekemään varsinaista ostosta, kauppa oli kaatua vääränlaiseen myyntipuheeseen. Myyjän argumentti minulle – opiskelijaradikaalille – oli, että ylipoliisipäällikkö Fjalar Jarva oli ostanut samanlaisen takin edellisellä viikolla. Tein kuitenkin hankinnan laadun vuoksi.

Kun koulutoverini ja myöhempi professori O. näki minut ensi kertaa uudessa pikkutakissani seisoessaan tupakalla Franzenian portailla, hän kutsui minua johtaja Arhinmäeksi. Ymmärsin tästä välittömästi, että kannattaa olla hyvin pukeutunut opiskeluaikana ja myöhemmin, jos mielii eteenpäin työelämässä.

Tweedtakki oli luvatun kestävä, mutta keski-iän myötä aloin miehistyä ja kadottaa opiskelijapojan langanlaihan olemuksen. 1980-luvun lopulla elettiin vahvaa nousukautta ja perheemmekin tempautui ajan henkeen ja matkustimme kesälomamatkalle etelään. Berlitzin pienestä matkaoppaasta luin lentokoneessa, että Rhodoksella kannattaa teettää tweedkankaisia vaatteita.

Kun lapset kävivät Tenavakerhossa, minä lähdin vaatturille. Löysin vaatturin, joka oli tehnyt tweedtakkeja jopa Gregory Peckille, joten hänen taitoihinsa saattoi luottaa. Kerhotuntien aikana kävin pikkutakin sovituksissa ja niiden jälkeen nauttimassa kahvia ja konjakkia, olinhan miesten hommissa amerikkalaisen suosikkinäyttelijän tapaan. Vaatturi halusi ehdottomasti tehdä myös takin väriin sopivat housut. Se sopi minulle, mutta erimielisyyttä tuli upslaakeista, sillä vaatturin mielestä ne olivat vanhanaikaiset. Hän pakotti keskustelemaan asiasta jopa suomalaisen vaimonsa kanssa; pidin kuitenkin mielipiteeni.

Palasin Rhodoksen kuumalta kesälomalta mukanani pikkutakki tukevasta ja vahvasta Harris Tweedistä. Toisaalta anoppi ja muutkin rouvat olivat tuoneet sieltä turkkeja matkalaukussa.

Käyttäisin tätä minua varten tehtyä takkia varmasti vieläkin ilman tupakoinnin lopettamisen aiheuttamaa kasvupyrähdystä. Jouduin hankkimaan taas uuden pyöreille muodoille sopivan kalanruotokuvioisen tweedtakin. Tweedkankainen takki antoi laihalle opiskelijapojalle aina turvaa ja lämpöä. Viime aikoina olen kuitenkin huomannut, että paksu kangas on kuuma sisätiloissa nyt kun kroppa puskee hikeä myös aika vähäisistä suorituksista.

Miehen onni

Kun odotan kesää, odotan Karjaan rautakauppoja. Niihin on päästävä jos nyt ei joka päivä, niin ainakin joka toinen päivä. Yleensä pienenkin hankinnan vuoksi kannattaa käydä kolmessa rautakaupassa, jotta paras ja sopivimman hintainen tuote löytyy. Jos on sateista, rautakauppa on hyvä paikka tutkimuksille, mutta jos taas aurinko paistaa kuumasti, on mukavaa vilvoitella rautakaupassa ja etsiä oikeanlaista välinettä.

Miesten töiden suhteen minulla on traumaattinen tausta, sillä opintieni oli katketa veiston ehtoihin poikalyseossa. Veistonopettajamme Oma-Martti Paavolainen pyysi minut puhutteluun keväisenä päivänä ja kysyi mitä teen heinäkuun ensimmäisenä päivänä. Tiesin että kysymys tarkoittaa ehtoja ja tiesin myös että en tule selviämään niistä. Kykenin kyllä selvittämään useimmat kirjalliset ja suulliset haasteet, mutta tämä oli liikaa. Puhuin Paavolaiselle koskettavasti perheeni kesävietosta Ahvenanmaalla, äidin auttamisesta ja kasvien keräämisestä. Paavolainen ei ollut julmuri, vaan antoi minun jatkaa opintietä armovitosella.

Olen käsitellyt traumaa erityisesti kokoamalla IKEA:n huonekaluja. Minulla on aina ollut pitkä pinna tällaisissa töissä ja kun minulla ei ole lainkaan luontaista kekseliäisyyttä ja näppäryyttä, sopivat tarkasti kuvallisen ohjeen mukaan suoritettavat kokoamistehtävät minulle. Itsetuntoni on vahvistunut siinä määrin, että rohkenen tehdä useimpia mökkiin liittyviä sisä- ja ulkotöitä.

Yhden tärkeän seikan olen oppinut mökkeilyssä. Onnistuneisiin työsuorituksiin tarvitaan aina oikeanlainen työkalu. Jos käyttää vääränlaista työkalua, tehtävä ei onnistu tai lopputulos on susi. Ja mitä vanhemmaksi olen tullut, sitä useammin jokin lihas on venähtänyt ilman sopivaa apuvälinettä. Oikean työkalun lisäksi tarvitaan riittävät turvavarusteet: päähine, kengät, housut ja pusero. Olen myös oppinut, että kaikkia varusteita ei kannata hankkia kerralla, vaan kannattaa keskittyä kulloinkin tarvittavan välineen etsimiseen ja löytämiseen.

Ja vaikka vaimosta tuntuu, että välineitä on vähintään riittävästi, tulee rautakauppoihin jatkuvasti uusia innovaatioita. Muistelen rakkaudella työvuosia, koska silloin maksettiin lomaraha, jonka saatoin käyttää lyhentämättömänä rautakaupoissa ja vahvistaa näin Karjaan aluetaloutta. Nyt pitää olla tarkempi, mutta onneksi monet mökin ns. suuret hankinnat on jo tehty.

Rautakaupassa pitää olla aikaa, sillä siellä on suuret avarat tilat ja runsaasti tuotteita. Jos hosuu, ei mitenkään voi saada oikeanlaista välinettä. Kun on levollinen ja tyyni mieli ja jaksaa etsiä, sieltä löytyy tarvittava ja usein enemmänkin. Kesäinen onnenpäivä koostuu neljästä osasta. Aamupäivällä voi miettiä pitkään päivän työsuoritusta ja siihen tarvittavaa työkalua. Keskipäivä kannattaa käyttää rautakaupoissa kiertelyyn ja parhaan mahdollisen työkalun hankintaan. Tämän jälkeen kaikki on helppoa ja nopeaa: hyvällä välineellä työsuoritus sujuu kuin lento. Illan voikin sitten ihailla aikaansaannostaan.

Olen yrittänyt tuloksetta siirtää tätä onnea kaupunkiin. Lidlin esitteet ovat kuitenkin tuoneet minulle hieman iloa. Ruokatavaroiden lisäksi Lidlissä myydään viikoittain vaihtuvia hyödyllisiä tuotteita. Niiden täytyy olla kestäviä, luotettavia ja edullisia, jos kerran miljoonat hinta- ja laatutietoiset saksalaiset ostavat niitä. Kun eläkeläisen varat ovat niukat, mutta halu ostaa tärkeitä tuotteita suuri, tarjoaa Lidl ratkaisun. Olen viime aikoina ostanut vain muutamilla euroilla välttämättömiä ja innovatiivisia tuotteita kuten pyöräilydamaskit, aromit säilyttävän viinipullonsulkijan ja paistinpannun roiskesuojan.

Elämäni lihavana ihmisenä

Me 1960-luvun koulupojat olimme yleensä laihoja. Kansakoulussa syötiin sentään lämmin ateria päivällä, mutta oppikoulussa oli toisin. Aamulla huitaisin kotona suuhun leivän tai pari ja ruokatunnilla koulussa söin eväsleipiä tai parhaimmillaan lihapiirakan puolikkaan maidon kera. Lämpimän aterian aika oli vasta kello viisi kotona. Ihmettelen mistä me saimme energian koko päivää varten.

Varhaisteininä olisin halunnut kehittää lihaksia ja ostinkin ohjekirjan, mutta en koskaan tarttunut punttei-hin. Sitten luin psykologian oppikirjasta Kretschmerin typologiasta, jonka mukaan pyknikot ovat ulospäin suuntautuneita, ystävällisiä, iloisia ja humoristisia ihmisiä. Tahdoin sellaiseksi. Äiti ehdotti kerman nauttimista massan kasvattamiseksi, mutta minä ajattelin, että myös viiniä ja olutta juomalla voisin tulla pyöreämmäksi.

Nämä konstit eivät tehonneet ja unohdin kropan muokkaamisen. Minäkuvani oli vakaa: pitkä ja laiha kiharatukka. Aika varhain tosin tajusin, että joudun luopumaan vaaleasta kiharasta tukastani. Kaikki sukulaismiehet sekä isän että äidin puolelta olivat kaljuja, siksi tiesin tulevan kohtaloni.

Pysyin pitkään hyvin laihana, vaikka pidin ruoasta. Vaimoni on kertonut, että hän ihmetteli tutustuessamme miksi otan paljon pienempiä annoksia kuin hänen veljensä. En kuitenkaan näykkinyt ruokaa suuhuni niin kuin nuoruudenystäväni Hande kun tulimme syömään lukusalista Dommalla. Hänelle lounaan syöminen oli jokapäiväinen välttämätön suoritus, minulle virkistävä ilo.

Laihuudesta ei ollut minulle koskaan varsinaista haittaa. Mitä nyt vaimoni täti tokaisi kun olimme ensivierailulla hänen luonaan:"Otit sitten tuollaisen laihan pojan!"

Vasta joskus lähestyessäni viittäkymmentä aloin miehistyä. Suuri muutos tapahtui kahdeksan vuotta sitten sairauden jälkitilan ja tupakoinnin lopettamisen seurauksena: kukkakepistä tuli täysi pullukka. Kerran Italiassa vaatekaupan rouva osasi puhua minulle kauniisti kun kutsuin itseäni lihavaksi: "Ei herra, te ette ole lihava vaan iso mies". Suomessa ihmisillä ei ole tällaisia keskustelutaitoja; olen yksinkertaisesti lihava ihminen.

Ymmärrän paikkani vaatekaupassa: olen D-mies, joka tarvitsee kaikki tarjolla olevat X:t tai suurimman mahdollisen numerokoon. Tällaisille miehille ei yleensä valmisteta kauniita ja muodikkaita vaatteita, sillä lihavat ihmiset tarvitsevat vain käytännöllisiä vaatteita.

Olen huomannut, että pään minäkuva ei aina oikein pysy kropan tahdissa. Kun saan ystävällisen taputuksen olalle tai katseen ja hymyn ahtaalla käytävällä, joilla viestitetään "mitäs me lihavat", en ole heti mukana. Laihan ja pitkän ihmisen minäkuva on juurtunut niin syvälle.

Terveydenhuollossa on piinallisinta. Lääkärit ja hoitajat alkavat aina puhua lihavuuden vaaroista ja laihduttamisen välttämättömyydestä aivan kuin en olisi koskaan ennen kuullut tällaisista asioista ja saanut ammattitaitoista ohjausta. He eivät näe edessään potilasta, joka tulee puhumaan vaivasta tai sairaudesta, vaan lihavan ihmisen. Jotta tulisin vastaanoton jälkeen paremmalle tuulelle, muistelen ministeriön kuppilan peruskaskua. Työterveyshoitajallamme, jonka kehossa ei ollut grammaakaan ylimääräistä rasvaa, oli tapana määräaikaistarkastuksilla kannustaa talon runsaita rouvia kysymyksellä: "Pitäisikö meidän ryhtyä laihduttamaan?"

Tiedän kuitenkin että miehen elämässä on edessä vielä yksi vaihe edellyttäen että minulle on suotu vuosia. Siinä 75-vuoden iässä alkaa laihtuminen, ruoka ei maistu ja vanhat housut alkavat valua alas vyötäröltä. Onneksi siihen on vielä aikaa.

Cinéma véritén pieni helmi

Ystäväni Risto ja Jussi H. järjestivät suurenmoisen yllätyksen ensimmäisen pienen kirjani julkkareissa 2000-luvun alussa. He olivat saaneet käsiinsä siihen asti vain ranskalaisissa tutkijapiireissä esitetyn kolmen minuutin mittaisen lyhytelokuvan, jonka tekijöistä ei ollut tietoa. Elokuvan esittely oli yhtä jännittävä, kiinnostava ja yllättävä kuin tämä 1960-luvun lopulla Helsingissä kuvattu pieni helmi. Koska uskon Joulupukkiin, uskoin myös HETEK-tovereideni tarinaan elokuvan taustasta. On helppoa eikä edes kiusallista myöntää, että lyhytelokuva jätti varjoonsa esikoisteokseni.

Jussi H. kertoi saamastaan kirjeestä, jonka mukaan lyhytelokuva oli saavuttanut kulttimaineen Ranskan tutkijapiireissä cinéma vérité -tyylisuunnan puhdasverisenä edustajana. Kirjeen lähettänyt ohjelmistosuunnittelija Pirkko Kukkonen-Delacroix arvelee lyhytfilmin päätyneen Ranskaan materiaalin vaihdossa Helsingin taideteollisen korkeakoulun kanssa. Elokuvalle oli annettu nimi "Tyyliniekka" päähenkilön korostuneen elegantin habituksen johdosta.

Kirjeen mukana oli lähetetty Jean-Paul Resnaisin artikkeli lyhytelokuvasta. Risto oli tehnyt artikkelista raakakäännöksen, jonka hän luki julkkareissani. Artikkelissa Resnais kertoo, että kolmen minuutin mittainen elokuva on mullistanut hänen käsityksensä elokuvataiteen olemuksesta ja sen hyödyntämättömästä potentiaalista. Hän kertoo nähneensä elokuvan lukemattomia kertoja ja että siitä on muodostunut hänelle eräänlainen addiktio.

Elokuva edustaa tutkijoiden mukaan cinéma vérité -koulukuntaa, jonka tavoitteena on esittää maailma sellaisenaan minimoiden elokuvan tekijöiden vaikutus lopputulokseen. "Tyyliniekassa" periaate on viety absoluuttiseen maksimiinsa: elokuvalla ei näytä olevan käsikirjoitusta eikä ohjaajaa ja kuvaus on toteutettu antamalla kameran ikään kuin itse löytää kohteensa. Tästä huolimatta tuloksena on eheä kokonaisuus, joka hämmästyttää viisaudellaan ja kauneudellaan. Tuntuu kuin totuuselokuvan metodi olisi tässä tuottanut tuloksen, jota teorian tasolla on aina toivottu, mutta joka on muilta jäänyt saavuttamatta.

"Tyyliniekan" ensiesitys Suomessa oli todellinen succès. Me Joulupukkiin uskovat saatoimme nauttia täysillä ihmeellisestä tarinasta ja syvällisestä lyhytelokuvasta. Kriittiset ja rationaaliset katsojat puolestaan näkivät elävää kuvaa 1960-luvun Helsingistä ja sen kaduilla liikkuvista nuorukaisista. Kaikille oli kuitenkin selvää, että tekijäryhmä oli hakenut vaikutteet työhönsä Pariisista.

Olin tänään Kampin metroasemalla kun Jussi H. soitti minulle. Hän kertoi löytäneensä entisen antikvaarisen kirjakauppansa jälkeen jääneistä laatikoista filmin, joka oli osoittautunut kaikki rajat rikkovaksi ja ensivaikutelman perusteella häikäiseväksi elokuvaksi. Hän pyysi minut mukaan selvittämään elokuvan taustaa, tekijöitä ja näyttelijöitä. En epäröinyt hetkeäkään lähteä mukaan projektiin, jolle hän oli jo hankkinut rahoituksen.

Luulen että syksyni on saanut uuden käänteen. "Tyyliniekka" on tuottanut minulle ja lähipiirini elokuvaentusiasteille niin paljon iloa, että Jussin ehdottamaan projektiin on syytä osallistua jos jälleen on löydettävissä elokuvataiteen uusi pieni ihme.

30 vuotta kertomuksia

Seison vuonna 2002 aidon ja alkuperäisen Hakaniemen virastotalon edessä. Kirjoitin ammattikasvatushallituksen ja opetushallituksen lehtiin pukinoita vuosina 1985–1992. Kuva: Ville Juurikkala.

Vuoden 1985 alussa siirryin valtion virkamieheksi pitkän kunnallisen palvelun jälkeen. Sain ammattikasvatushallituksessa hoidettavakseni valtakunnallisen viestintäkampanjan, jolla pyrittiin tekemään ammatillista koulutusta tunnetuksi. Pääsin viraston pieneen työhuoneeseen loputtoman pitkän käytävän varrelle; interiööri oli kaikin osin harmaansävyinen. Huoneen väriläiskänä toimi vanha Billnäsin ruskea kirjoituspöytä, jonka sain käyttööni, koska hallinnollisen toimiston rouvien sukkahousut menivät rikki osuessaan pöydän sisäreunaan.

Tavakseni muodostui iltapäivän myöhäisinä tunteina kulkea käytävän päähän tiedotussihteerin huoneeseen, jossa pohdin hänen kanssaan molempia osapuolia kiinnostavia kysymyksiä. Jos hänellä oli kiire, vierailu oli lyhyt, mutta jos hänellä ei ollut päälle kaatuvaa, saatoimme päästä pitkälle pohdinnoissa. Eräänä iltapäivänä ryhdyin ääneen hahmottelemaan henkilöstölehteen sopivaa palstaa pikkuvirkamiehelle. Heti seuraavana päivänä tiedotussihteeri sai viraston ruskeassa sisäpostikuoressa pakinan.

Ensimmäisessä pakinassa kuvataan alter egoni tietä virastotaloon, kun hän hakee paikkaansa elämässä. Itse talosta kerrotaan näin: "Eräällä yöllisellä retkellä ajauduin Pitkän Sillan toiselle puolelle. Ja mitä näin: talo kuin minuus jota olin etsinyt. Kaikki järjestyksessä, ikkunat ja saumat kohdallaan, muotojen pelkistynyt kauneus. Ja koko elämän rikkaus ympärillä."

Tiedotussihteeri siirtyi ulkoasiainministeriöön ja minäkin eräiden mutkien kautta lopulta opetusministeriöön, mutta sain jatkaa nimimerkin suojassa kirjoittavana pakinoitsijana seitsemän vuotta. Pidin pakinoitsijan työstä: tuntemattomana kirjoittajana saatoin liikkua vapaammin ajassa ja paikassa sekä yhdistellä asioita absurdimmin kuin omalla nimellä. Sitten virastotaloon tuli uusi johto ja rytminvaihdos, jolloin hieman nuhraantunut pikkuvirkamieshahmoni ei enää sopinut dynaamiseen julkikuvaan.

Kun kirjoittaminen oli tullut osaksi luontoa, etsin uusia kanavia. Kirjoitin matkakirjeitä opetusministeriön henkilöstölehteen, nuoruuskuvauksen Kaupunginmuseon kirjaan ja sain Hesarin autosivuilla läpi juttuni autonvaihdosta. Se täytti koko sivun ja minulle maksettiin kerrankin kunnon korvaus. Monien pitkien ja työteliäiden virkavuosien jälkeen aloin kuitenkin olla niin täynnä hallintopäätöksiä, koulutuspoliittisia muistioita ja ministereiden puheluonnoksia, että päätin siirtyä vuorotteluvapaalle nähdäkseni osaanko vielä kirjoittaa lyhyitä kertomuksia.

Runsaassa puolessa vuodessa kirjoitin 35 tuokiokuvaa Helsingistä ja julkaisin pienen pehmeäkantisen kirjan nimeltään Chez Mariuksen spagetti. Ristin genren "raitiovaunu- ja metrokirjallisuudeksi", koska kertomukset olivat muutaman pysäkinvälin mittaisia. Myöhemmin ylipitkällä sairaslomalla kirjoitin vielä toisen samanlaisen kirjan Ruotsista, mutta sitten tajusin ajan ja kirjamarkkinoiden muuttuneen. Pienen pehmeäkantisen on demand -kirjan myyntihinta kirjakaupassa muodostui aivan liian kalliiksi, Akateeminen otti kirjojani myyntiin äärettömän vastentahtoisesti ja ihmiset metrossa ja raitsikassa silmäilivät kännykkää, tablettia tai Metro-lehteä. Artisti maksaa -kulttuuri sopi muutenkin huonosti eläkevuosina laihtuneelle kukkarolleni.

Ryhdyin blogistiksi, sillä se on sekä halpaa että nyky-aikaista. Olen pitänyt yllä reipasta tahtia ja kirjoittanut loma-aikoja lukuun ottamatta blogin viikossa. Se on terveellistä, sillä vaimoni tapaan en ole innostunut ris-tikoiden tekemisestä ja kuitenkin pääni toimintakyky vaatii jonkinlaisia kirjallisia harjoituksia.

Virkakielto ja armahdus

Minusta tuli vasemmistolainen keskikoulun ylimmillä luokilla. Yhteiskunnallinen tietoisuuteni vahvistui kun lukion ensimmäisellä luokalla perustin kahden koulutoverini kanssa luku- ja keskustelupiirin, jossa tarkastelimme Suomen ja maailman polttavia ongelmia. Tempauduin täysillä mukaan Teiniliiton toimintaan ja jatkoin aineyhdistysaktiivina yliopistolla.

Varsinaiset poliittiset ansioni ovat vähäiset. Perustin ystäväni kanssa juuri ennen muuttoa kotoa SDNL:n paikallisosaston lapsuuteni ja nuoruuteni kaupunginosaan. Lisäksi käynnistin yliopisto-opintojeni alussa ASS:n kieltenopiskelijoiden alaosaston. Näkyvää roolia tai asemaa minulla ei ollut koskaan poliittisissa nuoriso- ja opiskelijajärjestöissä, mitä nyt muutaman kerran puhuin joukkokokouksissa ja liikuin Porthaniassa megafonin kanssa innostamassa opiskelijoita luentolakkoon.

Osasin varautua valmistautumisen jälkeen siihen, että taustastani on haittaa työmarkkinoilla. Sain ensimmäisen pitkäaikaisen työpaikkani 1970-luvun lopulla. Onneksi tämän kunnallisen järjestön päättäjät olivat maakuntien miehiä, joiden tuntuma helsinkiläisiin vasemmistoradikaaleihin oli vähäinen tai olematon. En kuitenkaan viihtynyt työpaikassa ja hain aktiivisesti muualle. Poliittinen taustani tuli jatkuvasti vastaan. Monesti saatoin vain aavistaa asian, mutta useita kertoja ei ollut epäilystäkään, että työpaikan saanti katkesi nuoruuden synteihin. Kaikki eivät osanneet peitellä tai häivyttää todellista valinnan estettä.

Otsikon virkakielto-käsite ei ole tietenkään täsmällisesti ottaen oikea; minä olin koko ajan töissä ja saatoin jopa päästä uusiin tehtäviin 1980-luvulla. Ehkä pitäisi puhua poliittisista syistä vaikeutetusta pääsystä virkoihin, toimiin ja tehtäviin. Kun näin oli, yritin poistaa mahdollisia pätevyyteen liittyviä esteitä. Suoritin lisäopintoja yliopistossa, vahvistin kielitaitoani ja kävin kirjoittajakoulutuksessa.

Minusta tuli valtion vakinainen virkamies onnellisen sattuman kautta. Kun koulutusalan keskusvirastot yhdistettiin 1990-luvun alussa, ilmoitettiin, että ketään ei irtisanota. Toimin yhdistämisen aikaan ammattikasvatushallituksessa vailla pysyvää virkaa ns. momenttilaisena. Opetushallituksen perustamisen yhteydessä kaivettiin esiin naftaliinista vanha täyttämättä ollut ylitarkastajan virka, johon minut siirrettiin.

Pian tämän jälkeen pääsin – tosin määräaikaisesti – sinne minne olin tähdännytkin: ministeriöön. Siellä tarvittiin ammatillisen koulutuksen tuntijaa, mutta myös hyvää puheluonnosten kirjoittajaa. Puhe- ja tekstiluonnosten kirjoittaminen on tärkeä ja pysyvä tuotannonhaara ministeriössä, ja sopivista luonnosten kirjoittajista on jatkuva pula. Puheluonnokseni kelpasivat mainiosti kokoomuslaiselle poliittiselle johdolle, sillä olin alan kouliintunut käsityöläinen. Lisäksi lapsuus- ja nuoruusvuodet Munkkiniemessä olivat antaneet minulle syvällisen porvarillisen arvomaailman tuntemuksen, mikä helpotti oikean sävyn rakentamista tekstipohjiin.

Määräaikaisuuteni osoittautui hyvin pitkäkestoiseksi. Vaikka ensimmäinen osastopäällikköni käytti kaikki hallinnolliset taitonsa ja näki paljon vaivaa vakinaistamisekseni, mikään ei onnistunut. Arvatenkin poliittiselle johdolle oli kuiskuteltu taustastani, mikä kerta toisensa jälkeen esti vakinaistamiseni. Pysyin lopulta seitsemän pitkää vuotta määräaikaisena virkamiehenä ministeriössä. Kiitos virkamiesesimiesteni en joutunut palaamaan maitojunalla Kruununhaasta takaisin Hakaniemen virastotaloon.

Vasta 1990-luvun lopussa ja kahdenkymmenen ahkeran työvuoden jälkeen sain armahduksen. Nuori, mutta pitkään toimintaani läheltä seurannut ministeri ei nähnyt estettä nimittämiselleni valtioneuvoston vakinaiseksi virkamieheksi ja neuvoksen virkaan. Hän pystyi arvioimaan toimintaani ministeriössä, ei vain nuoruuden syntejäni. Kun nimitystieto oli tullut Tasavallan Presidentin esittelystä, lähdimme muutaman virkatoverin kanssa nimitysoluelle Pataässään. Pitkäaikainen esimieheni ja työtoverini kiteytti tunnot osuvasti: "Minut on nimitetty aina poliittisten ansioitteni johdosta, mutta sinut Juha on nimitetty poliittisista ansioistasi huolimatta." Hän oli lahjakas, taitava ja huiman ahkera virkamies, mutta myös entinen ensimmäisen polven sosiaalidemokraattinen poliittinen sihteeri.

Pienet ilon hetket ministeriössä

2000-luvun alkupuolella tein työtä päällikkövirka-
miehenä ministeriössä. Työpäivät olivat järjestäen
hyvin pitkiä ja vietin lisäksi liian lyhyitä viikonlop-
puja. Pelästyin kun kuulin tyttäreni kysyneen kotona
käydessään: "Miksi isä ei nykyään puhu mitään eikä
naura enää koskaan?" Minusta oli tullut puhumaton
ja totinen toveri, jolla oli myös riski muuttua hiljalleen
negatiiviseksi ja ikäväksi ihmiseksi.

Ryhdyin välittömiin toimenpiteisiin. Päätin, että mi-
nun on kirjoitettava ylös joka päivä vähintään yksi
päivän aikana sattunut mukava tapahtuma. Kirjoitin
ruutuvihkoon muutaman viikon ajan pieniä ilon ai-
heita hymyillen tervehtivästä kollegasta lokkien kova-
ääniseen kirkunaan Rauhankadulla.

Tänään ajattelin kahtakymmentä vuottani ministe-
riössä ja päätin kirjoittaa vähintään kolme sellaista
seikkaa työvuosilta, joista muistan iloinneeni ja joita
kaipaan silloin tällöin viettäessäni eläkemiehen levol-
lista ja miellyttävää elämää.

Selvästi useimmin kaipaan yhdessä tekemistä. Meillä
oli aina tekeillä milloin suurempi ja milloin pienempi
uudistus. Niiden valmistelu vaati muun ohella kol-
lektiivista epämuodollista ja epävirallista kollegoiden
välistä keskustelua, jossa analysoitiin tilannetta, ke-
hitettiin ratkaisuvaihtoehtoja ja mietittiin niiden to-

teutumismahdollisuuksia. Tällaisissa työyhteenliittymissä puhuttiin parhaimmillaan avoimesti, kiroiltiin sydämen kyllyydestä sekä arvioitiin asioita ja henkilöitä täysin suorasukaisesti.

Virkamiehen vuosikymmenten aikana opin tuntemaan omat heikkouteni ja vahvuuteni, siksi en enää myöhempinä vuosina tuntenut suurta voitonriemua omista mainioistakaan suorituksista. Sen sijaan iloitsin tavattomasti, kun oman yksikön joku nuori virkamies puhkesi kukkaan: piti esitelmän tai kirjoitti muistion, joka ylitti odotukset. Tietysti oli erityisen hauskaa kun jouduin tajuamaan, että nuori virkamies oli ajatellut ja kirjoittanut asian paremmin kuin olisin itse sen kyennyt tekemään.

Iloitsin myös rauhallisista illoista ministeriössä, jolloin saatoin kenenkään häiritsemättä kirjoittaa puheluonnosta tai pikkumuistiota, jossa iso asia piti tiivistää puoleentoista liuskaan. Jos päivä ei ollut kuluttanut kaikkia voimia, koin tällaiset hetket parhaimmillaan miltei taiteelliseksi työksi. Kymmenen sormea juoksivat näppäimistöllä kuin pianistilla.

Työpäivän paras tunti oli kuitenkin aina ruokatunti. Kun olin koko nuoruuteni istunut Nissenin kahviloissa, tuntui välttämättömältä päästä edes kerran päivässä kuppilaan soittamaan suuta. Viraston henkilöstöruokalaan kannattaa mennä aina yksin, sillä silloin voi ruokajonossa silmäillä koko salin ja valita pöydän ja seurueen, jossa tahtoo juuri sinä päivänä käydä vapaata keskustelua. Myönnän että kaipaan aika usein näitä keskusteluhetkiä.

Vuoden kiertokulussa pidin eniten ministereiden järjestämästä jouluvastaanotosta, joka opetusministeriössä oli tapana pitää Smolnassa. Tuntui kovin arvokkaalta panna kerran vuodessa päälle tumma puku ja solmia kaulaan silkkikravatti. Smolna on juhlava tila ja glögin lämmittämässä päässä siellä tuntui kovin hienolta olla valtioneuvoston virkamies. Se oli kuitenkin vain pieni ohikiitävä ilon hetki, sillä kun siirryttiin Smolnasta jatkoille, ilta tuntui aivan tavalliselta työpaikan pikkujoululta.

Virkatoverit

*Opetusministeriön hallitussihteeri K.G.Rein on maalannut taulun,
johon hän on sijoittanut ministeriön 1950-luvun alun virkakunnan
kuvitteelliseen pikkujouluun. Äidinisäni L.A.Castrén on kalju mies
pöydän päässä. Taulu on opetus- ja kulttuuriministeriössä.*

Alkusyksystä istuin pitkästä aikaa iltaa muutaman minua nuoremman virkatoverin kanssa, jotka tekevät vielä työtä ministeriössä. Kohtasimme virka-ajan jälkeen Sociksella, Seurahuoneen alakerrassa olevassa pyöreässä baarissa. Puhuimme, muistelimme, marisimme ja nauroimme. Tällaisia iloisia iltoja on nykyään kovin harvoin. Viereisestä työhuoneesta minua varhemmin eläkkeelle jäänyt kollega sanoi aikoinaan kovin hyvin: "Kun lääkelaskut ylittävät ravintolalaskujen määrän, tiedät että olet elämän ehtoopuolella".

Tällaiset illat ovat sekä minulle että vielä virkojaan hoitaville antoisia. Kollegat voivat valittaa estoitta, mutta myös nauraa kaikille vuosien aikana tapahtuneille hassuille sattumuksille. Minä olen hyvä ja luotettava kuuntelija ja myötäeläjä, sillä tunnen ministeriön elämän ja tavat. Kuulen itse puolestani tuoreet juorut ja pysyn ajan tasalla organisaatio-, johtamis- ja nimityskulttuurien kehittymisessä.

Toin mukanani tapaamisen palan virkamieskulttuuria sadan vuoden takaa. Olen viime aikoina seulonut äitini suvun arkistopapereita, ja siksi taskussani oli kopio äitini isänisän 60-vuotispäivällisen runomuotoisesta menusta vuodelta 1915. Hän työskenteli uransa parikymmentä viimeistä vuotta Koulutoimen ylihallituksessa (myöhemmin Kouluhallitus) ja jäi eläkkeelle 70-vuotiaana vuonna 1926. Virkatoverit olivat järjestäneet Seurahuoneella Catelle – jolla nimellä he Pappaa kutsuivat – iloiset syntymäpäiväjuhlat. Sali näyttää kuvassa kovin samanlaiselta kuin tänään, tosin silloisten ruokapöytien sijaan lattian täyttävät nyt pienet baaripöydät.

Meitä ilahdutti myös naispuolisten virkatovereiden Catelle kirjoittama onnitteluruno:

Hallituksen virkanaiset

Viroissansa moninaiset

Sihteeriänsä nyt muistaa

Vaikkei runo tahdo luistaa

Tuovat siis pienen tervehdyksen

Merkiks' keskinäisen ymmärryksen.

Seuraavalla viikolla jatkoin seulontatyötäni Suvilahdessa ja löysin virkatovereiden äitini isälle kirjoittaman runon kun hän jäi eläkkeelle 68-vuotiaana vuoden 1955 lopussa. Isoisäni ehti palvella opetusministeriössä lähes kolmekymmentä vuotta, joten kollegat oppivat tuntemaan hyvin hänet ja hänen tapansa. Lempinimeä he eivät kuitenkaan osanneet hänelle keksiä, sillä häntä kutsutaan ministeriön läksiäistilaisuuden runossa poikakoulujen ja armeijan tapaan sukunimellä.

Orvoks' Opetuksen "bandy"

pakosta nyt jää,

konsa joukon parhain dandy

poies häviää.

Kuka nyt voi kertoo meille

mitä, missä, milloin,

kun ei enää juhlateille

astu Castrén illoin.

***

Mutta ilo "linnassamme"

olkoon illan tunnus,

vaikka sydän rinnassamme

onkin kuni punnus.

Kaikki tämä kertoo virkatoveruudesta ja lämmöstä, joka vaatii syntyäkseen vuosia ja vuosikymmeniä. Tässä nyt jo katoavassa pitkien työ- ja virkatoveruuksien maailmassa kollegat tulivat tutuiksi hyvässä ja pahassa. En tiedä voiko tällainen tuntemus kasvaa pätkätöiden ja vaihtuvien työpisteiden ketterissä organisaatioissa. Itse riimittelin eläkkeelle jääville virkatovereille runotekstiä vielä tällä vuosituhannella, mutta en tiedä pääsenkö koskaan arkistojen seulonnassa niin

pitkälle, että löydän tätä melko tuoretta omaa virka-
mieslyriikkaani.

Juha Arhinmäen kirjoja ja kirjoituksia

Kirjoituksia virkamiehen elämästä, Kirja kerrallaan, Helsinki 2002

Chez Mariuksen spagetti ja muita kertomuksia Helsingistä, Kirja kerrallaan, Helsinki 2004

Pieni Ruotsi-kirja, Kirja kerrallaan, Helsinki 2010

Isoisän liivintaskut ja muita kertomuksia, Books on Demand, Helsinki 2017

Arhinmäki, Juha & Rauhala, Pentti, *Ammattikäsityksen muutos ja ammatillinen sosialisaatio*, Anja Heikkinen (toim.) Ammattikasvatus ja sosialisaatio, Ammattikasvatussarja 6, Tampereen yliopisto, Tampere 1992

Koulu keskustassa – olohuone Nissenillä, Anna-Maria Åström & Pia Ohlsson & Jorma Kivistö (toim.) Elämää kaupungissa – Att bo i stan, Memoria 12, Helsingin kaupunginmuseo 1998

Puheet, paperit ja muistaminen, Eva Ijäs (toim.) Ammattikorkeakoulu työnä ja huvina, Rehtori Mauri Panhelaisen 60-vuotisjuhlajulkaisu, Jyväskylän ammattikorkeakoulun julkaisuja, Vaajakoski 2005

Keskustelut, puheet ja valinnat, Päivikki Antola (toim.) Papinlapset, Ajatus Kirjat, Jyväskylä 2007